U0738174

优秀传统文化的现代教育价值探索

杨晓星　著

黑龙江科学技术出版社
HEILONGJIANG SCIENCE AND TECHNOLOGY PRESS

图书在版编目（CIP）数据

优秀传统文化的现代教育价值探索／杨晓星著.
哈尔滨：黑龙江科学技术出版社，2024.8. -- ISBN
978-7-5719-2557-4

Ⅰ. K203；G40-06

中国国家版本馆 CIP 数据核字第 2024V0F161 号

优秀传统文化的现代教育价值探索

YOUXIU CHUANTONG WENHUA DE XIANDAI JIAOYU JIAZHI TANSUO

杨晓星　著

责任编辑	杨广斌	
封面设计	小　溪	
出　　版	黑龙江科学技术出版社	
	地址：哈尔滨市南岗区公安街 70-2 号　　邮编：150007	
	电话：(0451)53642106　传真：(0451)53642143	
	网址：www.lkcbs.cn	
发　　行	全国新华书店	
印　　刷	哈尔滨午阳印刷有限公司	
开　　本	787 mm×1092 mm　1/16	
印　　张	7.75	
字　　数	150 千字	
版　　次	2024 年 8 月第 1 版	
印　　次	2024 年 8 月第 1 次印刷	
书　　号	ISBN 978-7-5719-2557-4	
定　　价	58.00 元	

前　言

随着社会的进步和文化的多元化，我们越发认识到优秀传统文化在现代教育中的独特价值。作为中华民族的瑰宝，优秀传统文化不仅承载着丰富的历史记忆，还蕴含着深邃的教育智慧。在当今的教育环境中，如何将优秀传统文化的精髓与现代教育理念相结合，发挥其独特的价值，是值得我们深入探讨的重要课题。

本书从优秀传统文化概述入手，介绍了现代教育与优秀传统文化的基本理论，梳理了二者的关系，分析了优秀传统文化的现代教育价值、优秀传统文化的现代教育路径，并对基于现代教育技术的优秀传统文化教育进行了深入探讨。希望本书能够为读者在领悟优秀传统文化的现代教育价值方面提供帮助。

本书主要汇集了笔者在工作、实践中取得的一些研究成果。在撰写过程中，笔者参阅了相关文献资料，在此谨向其作者深表谢忱。

由于笔者水平有限，加之时间仓促，书中难免存在一些不足和疏漏，敬请广大读者批评指正。

杨晓星

2024 年 6 月

目　录

第一章　优秀传统文化概述 ……………………………………………… 1

　第一节　优秀传统文化的内涵 ………………………………………… 1

　第二节　优秀传统文化的传承与弘扬 ………………………………… 8

　第三节　优秀传统文化在现代社会的应用 …………………………… 20

第二章　现代教育与优秀传统文化 ……………………………………… 29

　第一节　现代教育概述 ………………………………………………… 29

　第二节　现代教育的理念 ……………………………………………… 41

　第三节　优秀传统文化与现代教育的关系 …………………………… 50

第三章　优秀传统文化的现代教育价值 ………………………………… 57

　第一节　优秀传统文化的德育价值 …………………………………… 57

　第二节　优秀传统文化的美育价值 …………………………………… 63

　第三节　优秀传统文化的智育价值 …………………………………… 72

第四章　优秀传统文化的现代教育路径 ………………………………… 80

　第一节　家庭教育 ……………………………………………………… 80

　第二节　学校教育 ……………………………………………………… 84

　第三节　社会教育 ……………………………………………………… 90

第五章　基于现代教育技术的优秀传统文化教育 ……………………… 97

　第一节　基于多媒体技术的优秀传统文化教育 ……………………… 97

　第二节　基于移动学习技术的优秀传统文化教育 …………………… 104

　第三节　基于人工智能技术的优秀传统文化教育 …………………… 110

参考文献 …………………………………………………………………… 118

第一章 优秀传统文化概述

第一节 优秀传统文化的内涵

一、优秀传统文化的定义

学术界对于优秀传统文化的定义存在着各种不同的观点。一些学者认为,优秀传统文化是指源远流长、历久弥新的文化传统,它是一个国家、一个民族的根本精神与文化基因。这种观点强调了优秀传统文化的历史渊源和文化传承的重要性。

有一些学者则从文化内涵和价值的角度出发,将优秀传统文化定义为具有高度思想性、美感性和道德性的文化形式。他们认为,优秀传统文化应该具有高尚的人文精神、优美的艺术表达和积极向上的价值取向。这种观点注重优秀传统文化的精髓和对人类精神追求的满足。

还有一些学者提出了文化传承与创新的观点,他们认为,优秀传统文化既要传承古人的智慧和经验,又要与时俱进,与社会发展相结合。他们主张通过对优秀传统文化的挖掘和创新,促进优秀传统文化的发展与传承,并使其与现代社会相互融合。这种观点强调了优秀传统文化的创新,以及其与现代社会的互动关系。

二、优秀传统文化的特征

(一)历史性

历史性指的是优秀传统文化在长时间的历史积淀中形成和发展起来的独特性。优秀传统文化承载着一代又一代人的智慧和经验,与历史和时代紧密相连。

优秀传统文化的历史性体现在其源远流长的历史渊源中。我国的传统文化拥有五千多年的悠久历史,承载着中华民族的文明与智慧,在这漫长的岁月中,传统文化经历了不断的演进和发展,在艺术、文学、道德等方面的成果。这些历史的积淀赋予了优秀传统文化独特的韵味和价值。

优秀传统文化的历史性体现在其与历史事件、人物和社会背景的紧密联系上。传统文化是一种历史产品,它融合了历史上的人物、事件、思想和社会背景,反映了当时的社会、文化和价值观念。例如,古代的诗词歌赋反映了不同历史时期的政治、经济、社会情况,传统的戏曲表演揭示了古代社会的道德观念和人际关系。这些历史的联系使传统文化具有了独特的历史性和历史价值。

优秀传统文化的历史性体现在其对后人的影响和传承上。优秀传统文化是通过代代相传的方式传承下来的宝贵遗产，它潜移默化地影响着人们的思维方式、价值观念和行为规范。后人通过学习、传承优秀传统文化，可以更好地了解历史和自己的根源，形成对优秀传统文化的认同和尊重。这种传承不仅是对历史的致敬，也是对未来的展望和建设。

（二）遗传性

优秀传统文化作为民族文化的重要组成部分，在历史长河中经久不衰，源远流长。遗传性体现了优秀传统文化在不同历史时期和不同区域的传承和延续。

优秀传统文化的遗传性表现在世代相传的传统习俗和礼仪上。这些传统习俗和礼仪是民族文化的重要组成部分，代表了民族的传统习惯和生活方式，承载着民族的历史记忆和民族精神。例如，中国的传统节日虽然在现代社会发生了一定的变化，但核心的习俗和传统仍然能够保留和传承。

优秀传统文化的遗传性还表现在经典文学作品和艺术形式的传承上。经典文学作品如《红楼梦》《水浒传》等是中华文化的瑰宝，这些经典作品通过文字和艺术形式将民族的智慧和情感传递给后代。传统的艺术形式，如书法、曲艺等也是优秀传统文化的重要组成部分，在经历了演变后仍然保留着传统的元素和精髓。

（三）创新性

优秀传统文化并不是僵化的、守旧的，而是能够与时俱进并不断创新的。创新性是指优秀传统文化在不同时代背景下，通过吸收外来文化，并与现代社会需求相结合，产生新的表现形式和创造性的发展。优秀传统文化的创新性体现在以下三个方面。

1. 优秀传统文化的创新性体现在艺术形式上

优秀传统文化在演艺、绘画、音乐等艺术领域中，经历了不断的发展和创新。例如，古典舞蹈在传承传统的基础上，吸收了现代舞蹈的元素，形成了独具特色的新舞种；在绘画方面，传统绘画技法与现代观念相结合，呈现出全新的艺术风貌。这些创新性的艺术形式既体现了优秀传统文化的传承，又赋予了它们新的生命力。

2. 优秀传统文化的创新性体现在价值观念上

随着社会的发展和变迁，优秀传统文化对于价值观念的创新尤为重要。优秀传统文化注重大爱、和谐、尊重自然等价值观念的传承，同时积极吸纳现代社会的新价值观念。

例如,传统的家庭观念在强调亲情和孝道的基础上,也开始关注个人的独立性和平等性。这种创新性的价值观念使优秀传统文化能够更好地适应社会的变化,并为社会的进步作出贡献。

3.优秀传统文化的创新性体现在文化产业的发展上

随着现代科技的进步,优秀传统文化有了更多传播和推广的渠道。优秀传统文化创新的表现形式不仅有舞台艺术、美术作品等传统形态,也包括移动应用、网络媒体等新兴媒体形态。通过现代技术手段,优秀传统文化得以更广泛地传播和推广,使更多人了解、喜爱和传承优秀传统文化。

(四)包容性

优秀传统文化具有广泛的包容性,能够容纳各种不同的思想观念、价值观和传统文化,并能够与其他文化进行对话和交流。在包容的框架下,优秀传统文化可以与其他文化相互融合、相互借鉴,从而不断丰富和发展。

优秀传统文化的包容性体现在对不同思想观念的容纳上。在一个多元化的社会中,不同的人有着不同的思维方式和观念,在这种情况下,优秀传统文化的包容性可以使各种不同的思想观念在一个共同的价值体系下得到理解和共享。它不会排斥或歧视其他思想观念,而是以宽容的心态对待它们,并通过对话和交流的方式来促进文化共融。

优秀传统文化的包容性体现在对不同价值观的容纳上。不同的文化和历史背景使人们在价值观的选择上存在差异。然而,优秀传统文化的包容性能够使不同的价值观在一个充满互动和对话的氛围中相互交流、相互启迪。它不会将某种价值观强加于人,而是鼓励人们从不同的角度思考问题,以获得更加全面和多元化的价值观。

优秀传统文化的包容性体现在对其他传统文化的容纳上。不同地域、民族和国家都有自己独特的传统文化,它们具有各自的特点和价值。优秀传统文化的包容性使其能够积极吸纳其他传统文化的优点,从而实现文化的交流和借鉴。这种包容性不仅能够为优秀传统文化的发展注入新的活力,也能够促进不同文化之间的相互了解和友好关系。

优秀传统文化的包容性还体现在与现代文化的对接上。随着社会的发展和变化,优秀传统文化需要与现代社会相适应,这就需要优秀传统文化具备开放的包容性。优秀传统文化的包容性能够使优秀传统文化与现代文化建立有机的联系,从而实现优秀传统文化的创新和发展。这种包容性不仅能够让优秀传统文化在当代社会中焕发新的活力,也能够促进优秀传统文化与现代社会的和谐共存。

三、优秀传统文化的核心要素

(一)价值观念

优秀传统文化的价值观念体现了一种积极向上的人生态度。传承和弘扬优秀传统文化的价值观念,能够培养人们坚毅、勤劳、敬业、敬畏自然的品质。这些价值观念对于个体的成长和社会的和谐稳定起着重要的作用。

优秀传统文化的价值观念强调家庭和社会关系的重要性。家庭是传承优秀传统文化的基石,和谐、孝顺、亲情等价值观念贯穿其中。这些价值观念促进了家庭成员之间的相互尊重、关爱和支持,形成了稳定而和睦的家庭关系。在社会层面上,优秀传统文化的价值观念也强调人与人之间的互助、和谐与公正。

优秀传统文化的价值观念注重对个人品德的培养。在优秀传统文化的影响下,能够培养人们忠诚、正直、勇敢和仁爱等美德。这些价值观念对于塑造良好的道德风尚、促进个体发展和社会进步具有重要意义,它们是维系社会稳定和道德秩序的关键。

优秀传统文化的价值观念蕴含了人与自然和谐共生的哲学内涵,强调了人类与自然环境之间的依存关系和互补关系。这种价值观念有助于推动现代社会的可持续发展和生态文明建设。

(二)社会行为规范

社会行为规范作为优秀传统文化的核心要素之一,是指人们在社会交往和生活中应遵守的道德准则和行为规则。它不仅反映了一个社会的价值观念和道德标准,也是维持社会秩序、促进社会和谐发展的基础。社会行为规范的形成和传承与文化、历史、地域和社会制度等因素密不可分。

1.社会行为规范是优秀传统文化的重要组成部分

在漫漫历史长河中,我国形成了丰富而独特的社会行为规范,如尊老爱幼和各种礼仪文化等。这些规范不仅是人们交往的准则,更是传统价值观念和道德伦理的体现。它们代表了社会主义核心价值观,如公正、诚信等,对维护社会秩序、促进社会和谐具有重要意义。

2.社会行为规范对社会的发展和繁荣具有积极影响

当人们遵守社会行为规范时,社会将会形成一种和谐的氛围,人与人之间的关系将更加融洽、和睦,社会秩序将更加稳定。遵守社会行为规范能够减少冲突和矛盾,促进社会成员之间的相互理解和支持,进而为社会的发展和繁荣创造良好的条件。

3. 社会行为规范对个人品德塑造和道德教育具有重要作用

社会行为规范要求个人在行为上具备一定的道德追求和自律意识,不仅要遵守规则,还要具备大公无私、诚实守信、勤奋努力等良好品德。通过积极践行社会行为规范,个人不仅可以提升自己的道德水平,还可以影响他人,传递正能量,形成向善、向上的社会风气。

4. 社会行为规范的传承和弘扬离不开教育的力量

教育机构、家庭教育以及社会各界都能够对社会行为规范进行有效传承和弘扬。通过教育引导,人们可以更加深入地了解社会行为规范的重要性,并且将其内化于心,外化于行。只有通过不断地教育和宣传,才能够让社会行为规范真正落地生根,并对社会的进步和发展起到积极的推动作用。

(三)文化符号

文化符号是通过特定的符号、象征、图腾等形式,表达和传递文化内涵和价值观念的重要手段。它既是一种物质载体,也是一种精神符号,通过与人们日常生活和社会实践相结合,发挥着重要的文化引导和社会凝聚的作用。

1. 文化符号体现优秀传统文化的独特性和传承性

每个民族、每个地区都有自己独特的文化符号,它们是对当地历史、传统和价值观的反映。比如,在中国文化中,龙是象征皇权、威严和吉祥的重要符号;在江南水乡,小桥流水、昆曲雅集等也成为其文化符号。这些符号不仅具有物质形态,更体现了人们对历史和传统的认同和延续。

2. 文化符号具有丰富的内涵和多样的表达方式

不同的符号可以通过不同的艺术形式和途径进行传承和传播。比如,在中国传统文化中,红色是喜庆和吉祥的象征,人们可以通过红色的旗帜、红灯笼等表达红色象征意义。而传统剪纸、刺绣等手工艺品,则通过具体的图案和形式,传递了丰富的文化内涵和民族精神。

3. 文化符号具有广泛的社会影响力和认同度

文化符号不仅是文化的象征,也是人们生活的一部分,是社会共识的重要组成部分。人们对于文化符号的认同和喜爱,不仅仅体现了个体的审美和情感需求,更深层次地体现了对其所代表的文化传统的认同和尊重。因此,文化符号的存在和传承不仅是对传统文化的保存,更是提升社会凝聚力和获得身份认同的重要基石。

4. 文化符号是过去与现代之间的桥梁

在当今社会快速发展的背景下,传统文化与现代文化的融合与创新显得尤为重要。文化符号作为传统文化的一部分,承载着历史、记忆和情感等内容,通过与现代元素的结合,形成更具时代特色和包容性的文化符号,从而推动优秀传统文化的传承与发展。

(四)传统艺术形式

传统艺术形式以其独特的审美价值和表现形式,对社会和个体产生着深远的影响。在传统艺术形式中,人们能够感受到优秀传统文化的独特魅力与智慧。

传统艺术形式包括绘画、音乐、舞蹈、戏剧、曲艺等多种形式。它们以独特的表现手法和审美风格,展示了优秀传统文化的多样性和独特性。绘画中的山水画、花鸟画,传统戏曲中的唱、念、做、打等演艺形式,都是传统艺术的重要组成部分。

传统艺术形式具有鲜明的民族特色和历史渊源。它们承载着丰富的历史记忆和文化内涵,反映了特定时期和地域的社会风俗与文化观念。例如,京剧作为中国传统戏曲的代表,以其独特的唱腔、表情和动作,深深地打动着观众,并成为中国戏曲文化的瑰宝。

传统艺术形式是传统文化价值观的重要表达方式。通过艺术创作和表演,传统文化价值观得以传承和弘扬。例如,舞蹈艺术中常以儿女情长、孝道感恩等为主题,体现了传统文化中的家庭伦理与人伦关系;传统音乐中的曲调、乐器也表达出传统文化中对自然环境的敬仰和赞美。

传统艺术形式还对社会和个体产生着积极的影响。它为人们提供了审美享受和情感交流的渠道,丰富了人们的生活体验。同时,传统艺术也承载着一定的教育和思想内涵,培养了人们的审美情趣和艺术修养。通过对传统艺术的欣赏和学习,人们能够更好地了解和认同自己的文化身份,增强民族凝聚力和自豪感。

四、优秀传统文化的影响

(一)对个体的影响

优秀传统文化作为一种源远流长的文化传承体系,对个体产生着深刻的影响。

优秀传统文化能够加强个体与过去的联系,使其对历史有更深刻的理解和体验。通过学习和传承优秀传统文化,个体能够深入了解祖先的智慧与思想,感受到历史传承的延续与力量。这种联系能够加深个体对历史的认知,更重要的是,其培养了个体的历史意识,使个体在现实中面临抉择时能够更好地借鉴历史经验,增强判断力与决策能力。

优秀传统文化对个体的道德修养和人格塑造起到重要的指导作用。优秀传统文化强调道德伦理的重要性,注重培养人的品行和道德观念。通过学习、理解和实践优秀传统文化的价值观,个体能够通过自身的努力不断提升自己的道德水平,塑造坚毅、正直、宽容的人格。

优秀传统文化能够对个体的情感生活产生积极影响。优秀传统文化以其深刻的审美观念和艺术表现形式,丰富了个体的情感体验。例如,传统音乐、舞蹈、戏曲等艺术形式能够唤起个体对美的追求和感受,使其能够更好地抒发情感,疏解内心的烦躁和压力。同时,优秀传统文化还将丰富的民间故事、传说和寓言融入教育,用形象、生动的方式传达着真理和智慧。这些文化元素不仅能够滋养个体的情感需求,还能够培养个体的审美情趣和情感表达能力。

(二)对社会的影响

优秀传统文化作为民族文化的重要组成部分,凝聚了人们的情感与精神,弘扬了民族的气魄和价值观。这种凝聚力不仅能够让社会成员感受到归属感和认同感,也能够确保社会环境的和谐稳定。

1.优秀传统文化对社会的发展起到了推动作用

优秀传统文化蕴含着深厚的智慧和独特的思维方式,它可以为社会提供宝贵的经验和教训。在现代社会,人们面临着诸多挑战和问题,借鉴优秀传统文化的智慧能够帮助人们找到解决问题的方向和方法。同时,优秀传统文化也能够激发社会成员的创造力和创新精神,为社会的发展注入新的活力和动力。

2.优秀传统文化对社会的价值观和道德观起到了引领作用

在现代社会,道德观和价值观的多样性给社会带来了许多挑战和困扰。而优秀传统文化作为民族文化的体现,有其固有的道德观和价值观。通过学习和传承优秀传统文化,人们不仅能够树立正确的道德观和价值观,还能够形成自己的人生追求和为人处世的准则。这对于社会秩序的稳定具有重要意义。

3.优秀传统文化对社会成员的文化自信和文化自觉起到了增强作用

在经济全球化时代,民族文化面临着外来文化的冲击。而优秀传统文化的传承和弘扬可以帮助社会成员树立文化自信,增强对民族文化的认同和尊重。这种文化自信和文化自觉对社会成员的身心健康以及社会的和谐发展具有重要意义。

(三)对国家的影响

对一个国家而言,优秀传统文化的影响是全方位的,并且具有深远的意义。首先,优秀传统文化是中华民族生生不息、薪火相传、发展进步的精神支柱和文化根脉。作为一种民族精神的表达,优秀传统文化承载着国家的历史、文化和价值观,为建设文化强国丰富了精神要素,更为其提供了强大的精神动力。其次,优秀传统文化是国家认同感和凝聚力的重要来源。优秀传统文化能够激发人们的爱国情感和对国家文化的认同感,使人们感到自豪和自信,进而凝聚成一个有凝聚力和向心力的整体。再次,优秀传统文化对于国家的文化自信和国际话语权的获取至关重要。只有通过传承和弘扬优秀传统文化,国家才能在国际舞台上展现独特的文化魅力和实力,才能赢得世界的尊重和认可。最后,优秀传统文化也是国家软实力的重要组成部分。传统文化作为一个国家的软实力资源,能够吸引外国人学习,为国家在经济、政治和文化领域获取更多的合作机会和扩大影响力提供有力支持。

优秀传统文化的影响并不是一成不变的,它也面临着诸多挑战。在经济全球化和信息技术迅猛发展的背景下,传统文化的传承和发展面临着来自外部文化的冲击和竞争。因此,为了更好地发挥优秀传统文化对国家的影响,需要采取一系列措施:加强优秀传统文化的保护和传承工作,确保其持续发展和传播;推动优秀传统文化与现代社会相结合,注重创新和传统之间的有机结合;加强国际交流与合作,借鉴其他国家的经验和优势,推动优秀传统文化的全球传播和认知;加强对优秀传统文化的宣传和教育,提高人们对优秀传统文化的认同和重视。

第二节 优秀传统文化的传承与弘扬

一、优秀传统文化的传承方式

(一)家庭教育

家庭教育作为优秀传统文化传承的重要方式,发挥着不可替代的作用。在家庭环境中,孩子从小就接触并感受传统文化的氛围。父母作为孩子的第一任教育者,承担着传授传统文化知识和价值观的责任。他们可以通过讲故事、唱歌谣、念古诗等方式,将传统文化融入日常生活。这样的家庭教育不仅让孩子熟悉了传统文化的内容,还增进了他们的爱国情感。

家庭活动是传承优秀传统文化的有效途径。逢年过节时,全家人可以共同制作传统手工艺品,如剪纸、年画等。这不仅增进了亲子关系,还让孩子亲身体验了传统文化的魅力。在这样的活动中,父母可以向孩子介绍相关的文化背景和象征意义,增强他们对传统文化的理解和认同。

家庭教育可以通过传统家训的方式传承优秀传统文化。家训是家族智慧和道德准则的集合,通过价值观塑造与行为规范,帮助孩子树立正确的人生观、价值观。家训可以通过口述、书写、传家宝等形式传承下来。父母在日常生活中应以身作则,通过自己的言传身教来引导孩子,让家训在孩子的心中扎根。

家庭教育还可以从祖籍地的文化氛围入手。通过带孩子参观故居、祭祀祖先等传统仪式,让孩子感受家族文化底蕴。在这个过程中,孩子会对家族传统文化产生浓厚兴趣,从而更加愿意去了解、传承优秀传统文化。

(二)学校教育

学校作为社会主要的教育机构,具有广泛的影响力和传播力,其能够通过正式的课堂教育和校园文化建设,引导学生深入了解和传承优秀传统文化。

学校通过优秀传统文化的课程设置,加强对学生传统文化素养的培养。在课程设计中,学校可以增加如经典文化、传统艺术、礼仪文明等与传统文化相关的内容,展开系统性、全面性的教学。通过合理、科学的教学设计,学生可以系统地学习和理解优秀传统文化的内涵和价值,为他们思想和行为的发展打下基础。

学校可以借助校园文化建设,创造有利于传承优秀传统文化的环境和氛围。校园文化能够对学生的思想、认知和行为产生深远影响。学校通过举办传统文化活动、组织传统文化社团、举办传统文化主题的展览等方式,营造浓厚的传统文化氛围。同时,学校还可以邀请艺术家、文化学者等来校园举办传统文化讲座等,丰富学生对传统文化的了解,并使学生从中汲取营养。

学校借助传统文化与现代科技的融合,创新传承方式。学校可以运用现代科技手段,如多媒体教学、网络学习平台等,将优秀传统文化与现代教学相结合。通过激发学生的兴趣、提供互动式的学习方式,更好地传递优秀传统文化的精髓和价值,同时也能进一步满足学生的需求。

学校要加强与家庭、社区等社会资源的合作,形成多方共同推进的传承机制。学校可以与家庭、社区合作,共同开展优秀传统文化的传承活动。通过家长参与课程、社区支持、学校与各方面资源的整合,优秀传统文化的传承效果能够得到进一步提升。同时,学校还可以借助社会力量的广泛参与,举办一系列的传统文化活动,使优秀传统文化的传承不再局限于学校范围,而是能够与整个社会形成良好的互动和共生。

（三）社区活动

社区活动作为一种重要的传承方式，发挥着促进优秀传统文化传承的重要作用。在社区活动中，人们能够在互动中体验、学习和传承优秀传统文化。

社区活动提供了一个共同的社交平台，让社区居民有机会相互交流和分享自己对优秀传统文化的理解和感悟。社区活动可以包括庆祝传统节日的活动，如春节晚会、元宵灯会等，还可以包括文化讲座、展览、演出等形式多样的文化交流活动。通过这些活动，社区居民可以相互交流对优秀传统文化的理解、学习经验和观点，从而增进对优秀传统文化的了解和认同。

社区可以组织一些传统文化体验活动，如剪纸、插花、书法、传统乐器演奏等，让社区居民参与其中，通过实践感受传统文化的魅力。这些活动既能够让人们体验到传统技艺的乐趣，又能够激发人们对传统文化的兴趣和热爱，进而激发人们对传统文化的传承热情。

社区也可以组织一些传统文化的展演和比赛，如舞蹈、武术、民乐、戏曲等各种形式的演出，以及传统文化知识竞赛等。这些活动既能够展示社区居民在传统文化方面的才华和技能，又能够引导和鼓励更多的人去学习和传承优秀传统文化。

社区还可以举办专题讲座、座谈会等，邀请专家学者、传统文化大师等分享他们的传承经验和对传统文化的理解。社区居民通过倾听他们的讲述，不仅可以增加对优秀传统文化的认知，还可以获得传承的实践指导，从而更好地传承和弘扬优秀传统文化。

（四）媒体传播

在当今信息化社会中，媒体作为一种重要的传播载体，在优秀传统文化的传承中起着不可忽视的作用。媒体传播的方式多样且广泛，涵盖了电视、广播、互联网等多种形式。通过媒体传播，优秀传统文化更加深入人心。

1.电视

观看电视节目是人们日常生活的重要组成部分。将传统文化元素融入广告、电视剧、综艺节目等，可以使观众在获得快乐的同时接触到优秀传统文化的精髓。

2.广播

广播作为一种声音媒介，具有传播迅速、覆盖面广的特点。可以通过广播让广大听众感受到传统文化的魅力。例如，各地的文化类节目、音乐会演出以及广播剧等，都是通过广播媒体将传统文化传递给大众。

3.互联网

通过互联网，人们可以随时随地获取关于传统文化的信息，了解传统文化知识，参与传统文化活动。例如，通过搭建传统音乐、书法、民俗等传统文化的分享平台和学习交流平台，可以让更多人有机会接触到传统文化，并参与到传承与弘扬传统文化中来。

二、优秀传统文化的传承策略

(一)文化融合的传承策略

文化融合是指将优秀传统文化与现代社会相结合，使优秀传统文化焕发新的生机和活力。在文化融合的传承策略中，可以采取多种方式与手段。

1.促进不同文化的交流和融合

在经济全球化背景下，不同国家和地区的文化相互交流的机会越来越多。人们可以借鉴其他国家和地区的优秀传统文化，并与本国的传统文化相互交融。例如，通过文化节、艺术展览和文化交流活动等形式，吸引外国人了解和学习我国的优秀传统文化，同时我们也能了解和学习其他国家和地区的优秀传统文化。

2.培养具有传统文化素养的新一代

传承优秀传统文化需要一支具有高素质的人才队伍，可以将传统文化融入学校教育。例如，在课堂教学中加强对传统文化知识的讲解和传授，组织学生参加传统文化体验营和文化实践活动，培养学生对传统文化的兴趣和热爱。

3.通过现代科技手段传承传统文化

在数字化时代，可以利用互联网、社交媒体和移动应用等现代科技手段，将传统文化推送给更多的人。通过传统文化网站和手机应用程序，人们可以随时随地了解和学习传统文化知识。还可以利用社交媒体平台进行传统文化的宣传和推广，吸引更多年轻人参与传统文化的传承和弘扬。

4.加强传统文化产业的发展

传统文化的传承不仅仅是一种精神的传承，也包括经济价值的传承。通过将传统文化与旅游、文化创意产业相结合，打造具有特色的传统文化产品和项目。例如，开展传统文化旅游活动、建设传统文化村和展示中心等，推动传统文化产业的发展，实现传统文化的文化价值和经济效益的双重增长。

（二）文化创新的传承策略

文化创新是优秀传统文化传承中至关重要的一环。通过文化创新，可以将优秀传统文化与时代潮流相结合，使其更加适应当代社会的需求，能够持续发展和传承。在传承优秀传统文化过程中，推行文化创新的传承策略显得尤为关键。

1.积极借鉴现代科技手段

随着互联网事业的迅猛发展，人们的信息获取途径也发生了巨大的变化。利用现代科技手段，可以将传统文化以多种形式传播给更多的人。例如，可以利用网络平台制作与优秀传统文化相关的短视频，并在社交媒体上发布，引导人们通过互联网了解和传播优秀传统文化。

2.注重与其他领域的交流与碰撞

优秀传统文化与艺术、科学、教育等领域之间存在着密切联系。通过与其他领域的交流合作，可以促进传统文化的创新与发展。例如，可以组织传统文化与现代舞台艺术结合的演出，引入现代科技手段，将传统文化以全新的形式呈现给观众；可以在学校开设传统文化课程，将传统文化知识与现代教育相结合，提升并加深学生对传统文化的兴趣与理解。

3.注重培养传统文化的创新人才

传承优秀传统文化需要一支具备传统文化知识和创新能力的专业人才队伍。因此，一要加强传统文化教育，引导年轻一代加强对传统文化的关注和研究；二要加强对传统文化创新人才的培养，鼓励他们提出创新的传承策略和方法，推动传统文化的创新与发展。

4.加强对文化创新成果的保护与传承

文化创新要注重对文化创新成果的保护与传承。对于创新的传统文化产品或项目，要加强知识产权保护，防止盗版与侵权行为的发生，保护创新成果的合法权益。同时，还要培养专业的传统文化保护人才，加强传统文化的保护与传承工作。

（三）文化教育的传承策略

为了保护和传承优秀传统文化，需要采取一系列的文化教育措施。

1.建设优质的文化教育平台

通过设立传统文化学校、开设传统文化课程等方式,为学生提供学习传统文化的平台,不仅可以增进学生对传统文化的了解,还能够为他们传承和弘扬优秀传统文化奠定坚实基础。

2.加大传统文化教育的力度

传统文化教育应该贯穿于学生的整个教育过程,从学前教育到高等教育都应该注重传统文化教育的融入。通过多样化的教学方法和手段,使学生在学习过程中能够感受到传统文化的魅力,增强他们对传统文化的认同感和自豪感。

3.加大传统文化素材的整合和利用

可以收集整理各个领域的传统文化经典著作、音乐、绘画等,制成多种形式的教材和资源,以便学生更加深入地了解和学习传统文化。同时,还可以利用现代技术手段,将传统文化与现代科技相结合,创作出更具吸引力和趣味性的教育内容。

4.加强传统文化教育培训和师资队伍建设

传统文化教育的传承需要有专业的教师和培训机构来引领和推动。因此,应该加强对传统文化教师的培训,提高他们的专业水平和教学能力。同时,建设和发展一支具有丰富传统文化知识和经验的师资队伍,为传统文化教育的传承提供有力支持。

(四)文化保护的传承策略

1.加强对文化遗产的保护

文化遗产是传承优秀传统文化的重要载体,必须做好保护工作。要加强对历史建筑、古籍文献、古代艺术品等文化遗产的修复和保护,保持其原有的风貌。同时,通过培训、宣传等方式,加强对非物质文化遗产的传承,如传统技艺、传统戏曲等,确保这些非物质文化遗产能够得到传承和发展。

2.注重文化保护的法律法规建设

加强法律法规建设,制定相关法律、政策和规章,明确传统文化保护的责任和义务,加强对传统文化的保护和监管;加强传统文化知识产权保护,鼓励创新和创造,为传统文化的传承提供更加有利的法律环境。

3.强化文化保护的教育意识

教育是传承优秀传统文化的重要手段。加强传统文化教育,培养学生对传统文化的认同和理解,使学生了解传统文化的价值和意义,增强他们的文化自信。在学校课程中加入优秀传统文化的教学内容,丰富学生的文化知识,培养他们对传统文化的热爱和兴趣。

4.加强公众参与和保护意识宣传

文化保护需要社会各界的共同参与和支持,加强对传统文化保护的宣传,提高公众的传统文化保护意识,引导他们积极参与传统文化保护工作。组织各种形式的文化活动,如举办展览、讲座、演出等,增进公众对传统文化的了解和欣赏,提高他们的文化素养。

三、优秀传统文化的弘扬途径

(一)文化活动的弘扬途径

文化活动作为一种重要的传承和弘扬优秀传统文化的方式,发挥着不可替代的作用。在优秀传统文化的传承和发展过程中,通过开展各类文化活动,可以有效提升人们对传统文化的热爱和参与程度,进而实现优秀传统文化的弘扬。

通过举办传统文化节庆活动,可以促进优秀传统文化的弘扬。传统文化节庆活动作为一种具有浓厚传统特色的文化载体,能够通过集中展示传统文化元素和各种各样的表演形式,吸引大量的观众和参与者。这类文化活动不仅能够增强人们对传统文化的认知和理解,更能够促使人们通过亲身体验和参与,对传统文化产生情感共鸣,进一步弘扬传统文化。

通过开展传统文化教育培训活动,可以加强优秀传统文化的传承。传统文化教育培训作为一种系统性的教育手段,可以通过各种形式的教学和培训活动,向社会传递优秀传统文化的价值观念和知识体系。例如,可以开设传统舞蹈、音乐、书法等课程,组织传统文化技艺的培训班,培养更多的传统文化人才。开展传统文化教育培训活动,不仅传承了优秀传统文化的精髓,也为优秀传统文化的弘扬奠定了坚实基础。

通过组织传统文化展览展示活动,可以扩大优秀传统文化的影响力。传统文化展览展示作为一种展示优秀传统文化成果和成就的方式,通过精心策划和组织,能够将优秀传统文化的独特魅力展示给观众。通过展览展示的形式,不仅可以引起观众的兴趣和好奇心,还能使观众更加深入地了解和理解优秀传统文化的内涵和价值。因此,通过这种途径,可以扩大优秀传统文化的影响力,进一步弘扬传统文化。

通过互联网和新媒体技术的应用,可以实现优秀传统文化的弘扬。随着互联网和新媒体技术的快速发展,传播优秀传统文化的方式也发生着巨大改变。通过建设传统文化网站、拍摄传统文化短视频等新媒体形式,可以将优秀传统文化推向范围更广的受众群体,提升传统文化的传播效果和影响力。此外,通过新媒体技术的应用,也可以创新传统文化的传承方式和形式,让传统文化与现代生活相结合,实现优秀传统文化的持续传承和发展。

(二)文化产品的弘扬途径

作为承载着传统文化内涵的实体,文化产品通过合适的渠道和方式进行推广,可以让更多的人了解和感受优秀传统文化的魅力。在当今信息化和数字化时代,文化产品的弘扬途径也得到了新的拓展和创新。

1. 互联网

通过智能手机、电脑等网络终端设备,人们可以随时随地获取各种形式的文化产品,如音乐、电影、书籍等。网络平台的兴起也促进了文化产品的在线销售和推广。通过社交媒体、微信公众号等新媒体渠道,文化产品得以迅速传播,吸引更多人的关注。

2. 文化产品的市场化运作

通过将优秀传统文化融入商业化的文化产品,可以使优秀传统文化更加贴近现代社会。例如,将传统戏曲与音乐、舞蹈相结合,创作出具有现代审美特点的舞台剧;将传统绘画元素运用于服装、家居用品设计,使之更具时尚感和市场竞争力。这样一来,不仅可以赋予文化产品新的商业价值,还能够通过商品化的形式推广优秀传统文化。

3. 博物馆、展览馆等文化场馆的建设和运营

通过展览陈列、文物保护与研究等方式,博物馆和展览馆可以向观众展示丰富多样的传统文化产品;举办文化艺术节、文化展演等活动,也是一种可以让人们近距离接触和感受文化产品的方法。这些文化场馆和活动不仅提供了一个展示优秀传统文化的平台,而且促进了文化产品与观众之间的互动与交流。

4. 文化产品的国际交流与合作

通过文化产品的输出和引入,可以促进不同国家和地区之间的文化交流与合作,增进人们对其他国家和地区文化的了解和认同。例如,通过合作制作电影、举办音乐会等,在不同国家和地区之间进行文化交流,并使传统文化走向世界。

（三）文化交流的弘扬途径

通过与其他国家、地区的文化交流，可以促进优秀传统文化的传播和发展。

第一，通过举办文化交流活动来传承和弘扬优秀传统文化。举办各种形式的文化交流活动，如文化展览、文化艺术演出、文化论坛等，吸引更多的人参与，并使其了解传统文化。这些交流活动可以通过展示传统艺术、音乐、舞蹈等形式，让观众感受到传统文化的魅力，并对其产生兴趣。

第二，在文化交流中可以利用现代技术手段，如互联网和社交媒体等，来推广传统文化。通过开设文化交流网站、建立社交媒体账号等方式，将传统文化的知识、故事、艺术品等传播给更多的人。同时，还可以利用互联网直播平台进行传统文化的展示和学习，让观众通过网络参与文化交流，进一步推广优秀传统文化理念和价值观。

第三，建立国际文化交流合作机制。通过与其他国家的文化机构、学术界以及个人合作，开展文化交流及传统文化的互学互鉴。双方可以互相邀请，开展文化访问、文化交流项目、文化论坛等活动，通过交流合作的方式共同探讨如何对优秀传统文化进行保护、传承和发展。这样的合作不但能够增进不同文化之间的理解与友谊，还为优秀传统文化在国际上的传播起到积极的推动作用。

（四）文化旅游的弘扬途径

文化旅游作为一种融合了文化与旅游元素的新兴形式，已经成为弘扬优秀传统文化的重要途径之一。通过文化旅游，人们可以亲身体验传统文化的魅力，并加深对传统文化的认识和理解。

1. 建设和发展文化旅游景区

在传统文化的代表地区或景点，可以建设具有浓厚传统文化氛围的旅游景区，以展示和传播优秀传统文化。例如，在一些古城镇或历史名胜区，可以规划和建设以传统手工艺、传统建筑、传统节庆等为主题的景区。景区通过展览、表演、体验等方式，将优秀传统文化呈现给游客，使他们在游玩的同时了解和感受到优秀传统文化的魅力。

2. 制作和推广文化旅游产品

传统文化具有独特的艺术表现形式和内涵。可以将这些文化元素与旅游相结合，打造具有传统文化特色的旅游产品。例如，推出一些主题旅游线路，如"中国古建筑之旅""传统民俗体验之旅"等，让游客在旅游的同时也能够感受到传统文化的深厚底蕴。还可以制作一些手工艺品等文化产品，将传统文化的符号和元素融入其中，通过售卖和推广，让更多的人了解和喜爱传统文化。

3.举办文化旅游节活动

文化旅游节是一个集旅游、文化、艺术等多种元素于一体的大型活动,通过表演、展览、比赛等形式吸引游客,同时向他们展示传统文化的魅力。举办文化旅游节期间,可以进行传统音乐、舞蹈、戏曲等表演,展出传统工艺品、绘画作品等,还可以组织一些传统民俗活动,如传统婚俗展示、传统技艺体验等。这样的活动不仅可以吸引游客,也可以为传统文化的传承和弘扬提供一个适宜的平台。

四、优秀传统文化的弘扬策略

(一)文化推广的弘扬策略

文化推广旨在通过广泛传播和宣传优秀传统文化,让更多的人了解、认同和接受它,从而实现对传统文化的传承和发展。以下是四种文化推广的弘扬策略。

1.借助现代传媒平台进行广泛宣传

通过制作文化节目、拍摄微电影、开设网站论坛等方式,将优秀传统文化的精髓和内涵传递给更多的人。在互联网时代,通过社交媒体平台进行推广是一个重要手段,可以通过微博、微信等平台进行文化宣传,吸引年轻人的关注。

2.利用学校教育平台加强优秀传统文化知识的教育

在教育过程中,学校可以增设传统文化课程,如经典诵读、书法等,培养学生对传统文化的兴趣和热爱。在校园中组织丰富多样的传统文化活动,如传统音乐会、文化讲座等,使学生能够亲身体验和感受传统文化的魅力。

3.积极开展文化旅游活动

通过举办传统文化节、传统文化展览等活动,吸引游客的注意力,让他们在旅游过程中接触、了解和体验传统文化。同时,结合流行的旅游线路,将传统文化元素与旅游景点相结合,创造出独特而丰富的旅游体验。

4.加强非物质文化遗产的保护和传承工作

非物质文化遗产是传统文化的重要组成部分,可以通过培训班、工作坊等形式,传授传统技艺和知识,保护和继承非物质文化遗产。同时,鼓励社区和志愿者参与到传统文化的保护和传承中来,组织传统技艺的展示活动,让更多的人了解和学习传统文化。

(二)文化交流的弘扬策略

在当今经济全球化背景下,文化交流的意义更加凸显。在优秀传统文化的传承和弘扬中,可以采取多种文化交流的策略。

1.加强国际间的文化交流

通过与其他国家和地区进行文化交流,可以学习和借鉴他人的成功经验,拓宽视野,丰富文化内涵。例如,可以组织文化交流团赴国外参观、举办国际文化节等活动,促进跨国的文化交流和合作。

2.加强地区内的文化交流

在一个国家或地区内,文化差异也是存在的。通过文化交流,可以促进各地区间的文化交融,实现文化共享和促进。通过文化艺术展览、地方文化交流活动等形式,让不同地区的人们能更好地了解和传承优秀传统文化。

3.借助现代科技手段加强文化交流

互联网、社交媒体等技术的发展为文化交流提供了便利。通过建立文化交流平台、开设虚拟文化展览等方式,可以让更多的人参与到文化交流中来,进一步推动优秀传统文化的传播和弘扬。

4.跨领域的文化交流

传统的文化形式可以与现代的艺术、科技、商业等领域相结合,创造出新的文化形式和产品。例如,可以通过音乐、电影、舞蹈等形式来演绎传统文化,使之更具现代感,吸引更多人的关注和参与。

(三)文化创新的弘扬策略

在现代社会的多元化和快速变化的背景下,传统文化需要通过创新的方式来适应和满足人们的需求,以便更好地被弘扬和传承。

1.加强对传统文化的挖掘和研究

只有深入了解传统文化的内涵和精髓,才能在创新中保持其独特性和传承性。研究者、学者要通过对传统文化的深入研究,探索其本质,理解其价值和意义,从而为创新提供基础。

2.注重融合和跨界

传统文化与现代社会各个领域之间存在着一定的差距,融合创新可以使传统文化更好地适应现代社会的需求。例如,通过将传统文化元素融入现代艺术、设计、教育等领域,可以使传统文化焕发新的活力。

3.注重传统文化与科技的结合

科技的进步为传统文化的创新提供了新的机遇和平台。通过运用虚拟现实、人工智能、互联网等先进技术手段,可以将传统文化以更多样化、互动化的形式呈现给大众,增强人们对传统文化的认知和兴趣。

4.注重对传统文化的保护和传承

创新并不是完全放弃传统,恰恰相反,对传统文化的保护和传承才是创新的基础。在创新的过程中,要尊重并保护传统文化的核心价值和传统特色,避免传统文化的畸变和失真。

(四)文化保护的弘扬策略

文化保护作为弘扬优秀传统文化的重要方面,应该得到充分的重视和关注。在推动优秀传统文化的传承过程中,应该采取一系列的保护策略,以确保其得到有效的保护和传承。

1.加强文化遗产的保护工作

建立健全文化遗产保护体系,通过修缮、保护和维护文化遗产,将其完整地保存下来,包括对古建筑物、传统手工艺品等的保护,以及对历史文物的修复和保存工作。此外,还应该加强对文化遗产的整理和研究工作,以便更好地理解和传承优秀传统文化。

2.推动法律法规的制定和执行

加强相关法律法规的完善,确保文化遗产得到合法保护和管理。同时,加大执法力度,严厉打击盗窃文物、破坏文化遗产等违法行为,从根本上保护好传统文化。

3.加强社会教育与宣传

通过开展各类文化保护宣传活动,传播优秀传统文化的价值和意义,增强公众对传统文化保护的关注和认知。此外,还应该通过传统文化教育,培养青少年对传统文化的热爱和认同,使其成为优秀传统文化的继承者和传播者。

4.加强国际合作

传统文化是各个国家和民族的共同财富,因此,国际合作是非常必要的。应该加强与其他国家和国际组织的合作,共同保护和传承优秀传统文化。通过交流和学习,借鉴其他国家的经验,推动传统文化的传播和弘扬。

第三节　优秀传统文化在现代社会的应用

一、优秀传统文化在文艺领域的应用

(一)传统文化在戏剧中的应用

戏剧作为人类文化的重要组成部分,承载着传统文化的丰富内涵。在戏剧中,传统文化通过艺术表达方式得到传承和发扬。

在剧本创作中,传统文化元素被广泛应用。作家通过引用传统文化中的经典作品或故事情节,使观众能够在舞台下感受到传统文化的魅力。例如,京剧《红楼梦》将曹雪芹的经典小说搬上舞台,通过戏曲表演展现了中国古典文学的瑰丽风采。

在舞台美术设计中,传统文化元素也得到了充分运用。舞台背景、服装、道具等方面都融入了传统文化的元素,增强了戏剧的历史感和传统气息。例如,在昆曲《琵琶记》中,舞台布置采用了古代宫殿的建筑风格,演员身着华丽的汉代服饰,使观众仿佛穿越回古代,感受历史的变迁与传统文化的繁荣。

传统文化对提升戏剧演员的表演水平有着重要的影响。戏剧演员通过深入研究传统文化的美学理念,能够提升自身的艺术水平和表现力。通过细腻的动作、婉转的语调以及独具特色的唱腔,戏剧演员将传统文化的情感表达得淋漓尽致。典型的例子是戏曲表演中的"五法",即手、眼、身、法、步,演员通过身体语言和面部表情,完美地展现了戏曲表演的意境和神韵。

(二)传统文化在音乐中的应用

在音乐领域,通过将传统文化元素融入音乐创作和演奏,不仅可以丰富音乐作品的内涵,还可以传播和弘扬传统文化的精髓。

传统文化在音乐中的应用体现在曲调和乐器的选择上。许多传统乐器,如古筝、琵琶、二胡等,以其独特的音色和复杂的构造,表达出传统文化的深厚底蕴;作曲家通过运用传统乐器的演奏技巧和音色,创作出具有浓厚传统文化氛围的音乐作品。

传统文化在音乐中的应用还体现在乐曲创作和编排上。例如,传统文化中的故事、神话、传说等可以被转化为音乐剧或器乐曲表现出来。通过对传统文化的深入了解和发掘,作曲家可以将其中的情节、人物、场景等元素融入自己的音乐作品,使其更具表现力和感染力。

传统文化在音乐演奏中的应用也是不可忽视的。如京剧、豫剧等用传统乐器来演奏,以其独特的表演风格和技巧,成为一种独立的艺术表现形式。演奏者通过学习和传承这些传统乐器的演奏技巧,在演奏中展现出传统文化的魅力和韵味。例如,在演奏古琴时,演奏者不仅要掌握弹奏技巧,还要领会琴曲中蕴含的哲学和人生智慧,才能真正展现出古琴及琴曲的魅力。

优秀传统文化在音乐领域的应用是多方面的,不仅包括曲调和乐器的选择,还包括乐曲创作和编排、音乐演奏等方面。通过将传统文化与音乐结合,可以创作出具有独特韵味和文化底蕴的音乐作品,让更多的人了解和爱上传统文化。因此,在音乐创作和演奏过程中,音乐家应该加强对传统文化的学习和理解,以便能够更好地将其运用到音乐中,丰富音乐作品的内涵,提升其质量。

(三)传统文化在书画艺术中的应用

传统文化中的经典诗词和故事往往成为书画作品创作的灵感源泉,能够激发艺术家的创作灵感,使其在作品中融入传统文化的内涵,如《红楼梦》《西游记》等经典文学作品中所蕴含的深刻寓意和情感体验。

传统文化赋予了书画艺术一种独特的精神境界。中国传统文化注重的是"内修外观",强调个体精神的修养和修炼。这种精神境界通过书画艺术得以体现。艺术家通过艺术创作表达自己的内心感受,追求内心的平静与自我超越。而观者在观赏书画作品时也能得到心灵的抚慰与启迪。

传统文化对书画艺术的传承与发展起到了积极的推动作用。中国书画艺术源远流长,其中有许多名家作品成为经典传世之作,蕴含着丰富的传统文化内涵。这些作品不仅具有艺术价值,更是后人进行艺术教育与研究的重要资源。因此,传统文化的传承与研究成为书画艺术家的必修课,他们通过对传统文化的学习与研究,赋予自己创作的灵感与动力。

二、优秀传统文化在商业领域的应用

(一)传统文化在广告营销中的应用

广告作为商业领域的一项重要推广手段,对于促进产品销售、提升品牌知名度起着至关重要的作用。在广告营销中,传统文化元素的应用越发引起人们的关注和重视。传统文化的应用不仅能够赋予广告作品更深层次的内涵,更能够触动消费者的情感,有效传达产品或品牌的核心价值。

1.体现了传统与现代的融合

通过将传统文化元素与现代生活场景相结合,广告创意不仅可以产生强烈的视觉冲击,更能够激发观众的情感共鸣。例如,某电子产品的广告中,将传统的扇子融入现代舞蹈的场景,充分展示了产品的创新和时尚特点,同时体现出传统文化与现代科技的有机结合。这样的广告创意不仅能够吸引消费者的注意力,更能够深入人心,让观众对产品产生浓厚的兴趣,进而引发消费者的消费意愿。

2.唤起了观众的情感共鸣

传统文化中蕴含着丰富的情感体验,而广告作为一种情感营销手段,可以通过传统文化元素的运用,激发观众的情感共鸣,进而加深观众对产品或品牌的认同感。例如,某保险公司的广告中,通过运用传统的中国风元素,如古典音乐、传统服饰等,来传递关怀、关爱家庭的主题。这样的广告不仅能够引起观众的情感共鸣,更能够让消费者对该保险公司产生信任感和认同感。

3.加强了广告和品牌之间的关联性

品牌作为广告的核心内容之一,其形象塑造和传播是广告营销的重要任务。传统文化元素的应用可以赋予品牌更加独特的个性和文化内涵,进而提升品牌的辨识度和品牌价值。例如,在某茶叶品牌的广告中,通过运用中国传统文化中的茶道仪式和禅意哲学,传达品牌追求沉静、深度享受的理念,并将其与产品的特点相结合,形成鲜明的品牌形象。这样的广告不仅能够增进消费者对该茶叶品牌的认知和认同,更能够加深品牌与消费者之间的情感联系。

(二)传统文化在产品设计中的应用

传统文化在产品设计中的应用正逐渐成为商业界热议的话题。传统文化是一个包罗万象的概念,涵盖服装、家居用品、工艺品、饰品等各个领域。在这些产品设计中融入传统文化元素,既传承了传统的审美观念,又赋予了产品新的内涵和独特性。

1.体现了对历史文化的尊重和传承

将传统文化元素融入产品设计,不仅可以让人们更好地理解和感受传统文化的魅力,还可以传承传统技艺和工艺。例如,"国潮"风兴起,许多服装品牌将传统的图案、色彩和剪裁手法运用到现代服装设计中,极大地提升了产品的文化内涵和艺术价值。

2.满足了人们对美的追求和个性化需求

在日益同质化的市场环境下,传统文化元素的运用可以使产品与众不同,突出独特的文化特色和品牌形象。例如,在珠宝设计中,很多设计师将传统的吉祥纹样、神话传说或历史故事融入作品,使每一件作品都具有独特的文化内涵,符合消费者对个性化、故事性产品的追求。

3.有助于拓展市场和创造商业价值

传统文化作为我国的独特优势,具有巨大的市场潜力。通过将传统文化与现代商业相结合,可以打造独具特色的产品,并吸引更多的消费者。例如,在旅游食品领域,一些企业在传统名小吃的基础上进行改良,研制出新产品,既满足了人们对美食的不同需求,又丰富了产品的文化内涵,从而赢得广大消费者的喜爱。

(三)传统文化在企业文化建设中的应用

在当今商业领域,建立有内涵的企业文化对于企业的长期发展至关重要。传统文化是一个宝库,有着丰富的内容,正逐渐被越来越多的企业引入它们的文化建设。传统文化在企业文化建设中的应用,不仅能够增强企业的文化底蕴,还能够提升企业的品牌形象和竞争力。

传统文化可以成为企业文化的核心理念和价值观。在企业文化建设中,一个清晰、有力的核心理念是至关重要的。传统文化中蕴含思想观念、人文精神、道德规范,可以为企业提供一个可靠的精神支撑。通过将传统文化与企业的核心理念相结合,企业能够树立独特的文化形象,深化员工对企业核心价值的认识,增强员工持续发展和创新的动力。

传统文化可以体现在企业的符号和仪式上。符号和仪式是企业文化的重要组成部分,能够促使企业员工形成共识和凝聚力。通过运用传统文化的符号和仪式,企业可以将传统的美学元素融入企业形象,打造独特而有影响力的企业文化符号。例如,在企业年会或重要活动中,可以融入传统的舞蹈、音乐、戏剧等元素,既能展示企业的文化底蕴,又能提升员工对企业的归属感和认同感。

传统文化可以启发创新和创意。传统文化中蕴含着深厚的智慧和创造力,它能够成为企业创新的灵感来源。通过对传统文化的继承、发扬和创新,企业可以打造出与众不同的产品、服务和管理方式。例如,一些企业通过借鉴传统的手工艺技巧,将其与现代科技相结合,创造出别具一格的产品。这种融合创新既保留了传统文化的独特魅力,又满足了消费者对个性化、高品质产品的需求。

传统文化的应用也体现在企业的社会责任和可持续发展上。传统文化强调与自然和谐相处、尊重人与人之间的关系,注重社会责任和可持续发展。企业可以通过将传统文化的价值观融入企业经营活动,更加注重员工福利、环境保护和社区参与,从而赢得社会和员工的认可和支持。

三、优秀传统文化在旅游领域的应用

(一)传统文化在景区规划中的应用

随着旅游业的发展和人们对文化价值的重新认识,越来越多的景区开始将传统文化融入景区规划,以创造与众不同的旅游体验。在传统文化的应用中,景区规划需要注重以下三个方面。

1.注重保护和传承传统文化

传统文化是一个国家或地区的宝贵遗产,它代表着民族的历史和精神。因此,在景区规划中,应该采取措施保护和传承传统文化,如修复古建筑、保护文物、挖掘传统手工艺等。这样不仅可以保护传统文化遗产,也能够为游客提供更加真实的文化体验。

2.注重创新,将传统文化与现代元素相结合

传统文化并不是与现代社会脱节的,相反,它可以与现代元素相结合,创造出独特而富有魅力的效果。可以在传统建筑中引入现代化的展示设施,如多媒体展示、虚拟现实技术等,使游客在欣赏传统文化的同时能够感受到现代科技的魅力。景区还可以开展创意活动,如传统手工艺体验、传统文化表演等,让游客能够参与其中,亲身感受传统文化的魅力。

3.注重传统文化的可持续发展

传统文化的价值不仅体现在当下,更重要的是在未来能够持久地传承下去。因此,在景区规划中,需要注重传统文化的可持续发展,包括对传统文化资源的科学管理和合理利用、建立健全文化保护机制、培养传统文化的传承人才等。只有这样,传统文化才能够在旅游领域发挥更大的作用,为游客提供长期而深入的文化体验。

(二)传统文化在旅游产品开发中的应用

在旅游产品的主题选择上,传统文化发挥着重要作用。传统文化是一个国家或地区的独特标志和文化符号,通过将传统文化元素融入旅游产品,可以提升产品的独特性和吸引力。例如,可以选择具有浓厚传统文化氛围的古镇、古村落或传统手工艺品制作工

坊作为旅游产品的主题,使游客在体验旅游活动的同时,能了解和感受传统文化的魅力。

在旅游产品的开发设计上,传统文化元素被充分运用。传统文化所包含的丰富资源可以成为旅游产品开发的宝贵素材。比如,将传统节日中的习俗和庆典仪式融入旅游产品的设计,打造独特的体验项目。另外,传统文化的民俗表演、传统技艺的展示、传统美食的品尝等也可以作为旅游产品的一部分,丰富游客的体验感。

在旅游产品的内容呈现上,传统文化的故事、传说和传统艺术形式,可以通过解说和展示的方式呈现给游客。例如,可以在旅游景区中设置传统文化展览馆或演艺场所,定期举办传统文化活动,通过讲解和演示,让游客了解传统文化背后的价值观念和精神内涵。

在旅游产品的体验服务上,传统文化起到了重要的指导作用。传统文化强调人与自然的和谐共生、遵守传统礼仪和道德准则等价值观念,这些都可以指导旅游产品的体验服务创新。例如,旅游服务人员的着装、仪态和言谈举止都可以借鉴传统文化中的元素,使游客产生身临其境的感觉。此外,传统文化中关于礼仪和待客之道的理念也可以体现在旅游服务过程中,为游客提供更加贴心、周到的服务。

(三)传统文化在旅游宣传中的应用

传统文化作为一种独特的资源,具有丰富的内涵和情感价值,在旅游宣传中发挥着重要的作用。通过传播和展示传统文化元素,旅游宣传能够吸引游客的注意力,提升他们的兴趣,并激发他们对目的地的好奇。

传统文化可以用作旅游宣传的一种独特符号和标志。在宣传海报、广告、宣传册中,运用传统文化的图像、符号、字体等元素,既能够塑造独特的形象,又能够反映当地的历史、传统和文化,从而引起游客的兴趣。

可以通过传统文化故事和传说来吸引游客。故事是传播文化的重要手段,可以通过讲述有趣的传统文化故事,激发游客的情感共鸣,增强他们对目的地的向往和探索欲望。例如,通过讲述某地的传统节日故事,可以使游客了解到当地的风俗习惯和文化内涵。

可以通过传统文化艺术表演来进行旅游宣传。文化艺术表演是一种直观、生动的方式,通过音乐、舞蹈、戏剧等形式展现传统文化的魅力,激发游客的兴趣,让他们对当地文化有更深入的了解和体验。

可以通过传统手工艺品和特色商品来进行旅游宣传。这些手工艺品和特色商品不仅是文化的载体,也是物质纪念。通过制作精美的手工艺品和推出地方特色商品,不仅能够吸引游客的眼球,还能够给游客留下深刻的印象,增加他们对该地区的好感。

(四)传统文化在旅游服务中的应用

传统文化作为一种重要的旅游资源,不仅可以吸引游客的注意,还可以为他们提供丰富多样的旅游服务体验。在旅游服务过程中,传统文化的应用可以从多个方面展开,包括景区导览、表演演出、特色餐饮、民俗体验等。

1. 景区导览

在景区导览中,导游通过生动的讲解向游客介绍当地的传统文化背景和丰富的历史文化知识,使游客对其有全面而深入的了解。导游可以采用讲述传统文化故事的方式,引导游客沉浸其中,感受传统文化的魅力。

2. 表演演出

通过精彩的传统文化表演,可以向游客展示当地的传统艺术和民俗风情。例如,在旅游景区中举办传统音乐、舞蹈、戏曲等演出,不仅可以丰富游客的文化娱乐体验,还可以促进传统文化的传承与发展。

3. 特色餐饮

在旅游景区内,可以设立具有传统文化特色的餐厅或小吃摊位,提供当地特色美食,让游客在品尝美食的同时,亲身感受传统文化的独特魅力。例如,在古镇旅游景区中,游客可以品尝传统糕点、茶饮等特色饮食,品味传统味道。

4. 民俗体验

在旅游景区中,可以为游客提供各种民俗体验活动,让他们亲身参与并体验传统文化的魅力。例如,在某些传统村落,游客可以参与农耕活动、传统手工艺制作等,深入了解当地的乡土文化,感受传统民俗活动的乐趣。

四、优秀传统文化在医疗健康领域的应用

(一)传统文化在中医药领域的应用

传统文化在中医药领域有着深远而广泛的应用。中医药作为我国独特的传统医学体系,融合了数千年的民间智慧,深受人们信赖和推崇。在中医药的实际应用中,传统文化为其提供了理论基础和临床指导,促进了中医药的发展与创新。

1. 传统文化在中医药领域体现了阴阳五行的观念

阴阳五行是中医药理论的核心,其概念和理论体系源于中国古代思想观念与自然观,包括相生、相克等原则。中医药认为人体的健康与自然界的变化规律密切相关,了解

并平衡好阴阳五行的关系,能促进身心健康。因此,在中医药治疗中,医生会综合考虑患者的体质、病情和环境等因素,为其选取相应的药物和疗法进行治疗,以恢复和平衡阴阳五行的关系。

2.传统文化为中医药提供了多种治疗方法和技术

中医药的治疗方法包括针灸、中药、推拿等,在这些方法中,传统文化扮演着重要的角色。针灸作为一种传统的治疗方法,依赖于中医药的理论基础和整体观念。在针灸治疗中,医生会根据患者的具体情况选择适当的穴位和刺激方式,以调整和平衡人体的能量流动。中药作为中医药的主要治疗方式之一,涵盖了丰富的药物资源和疗效,其中许多中草药的应用也离不开对传统文化的理解。传统推拿也是中医药领域常见的治疗技术,它借助于传统文化所形成的理论和技术体系,通过调整人体的气血流动,达到保健和治疗的效果。

3.传统文化为中医药提供了丰富的理论知识和实践经验

中医药发展了数千年,积累了大量的临床经验和治疗方法,这些经验和方法都根植于传统文化。中医药的治疗理论和各种治疗方法都是在世代传承和实践中逐渐形成的,其中融入了人们对身心健康的认识和追求。传统文化为中医药提供了诸多理论知识和实践经验,使中医药的应用更加科学、有效。

(二)传统文化在养生保健中的应用

传统文化在养生保健中有着丰富的应用,其深厚的历史积淀和独特的价值观为现代人的健康提供了重要的指导和借鉴。在现代社会,越来越多的人开始重视养生保健,养生保健成为一个备受关注的领域。

中医药作为传统文化的重要组成部分,在养生保健中发挥着重要的作用。中医注重以整体的观念看待人体,强调阴阳平衡和气血调理,通过中草药和针灸、推拿等手段的运用,帮助人们调理身体,增强免疫力,预防疾病的发生。例如,通过熬制饮用中草药,人们可以治疗疾病,调节身体机能,达到养生保健的效果。此外,推拿按摩和针灸也被广泛应用于养生保健中,通过刺激经络,促进血液循环,起到舒筋活络、调理身体的作用。

传统文化中蕴含着丰富的养生保健智慧,如太极拳是一种传统武术兼养生保健的方式,人们通过慢而柔的动作和呼吸调控,锻炼身体并提升意识和精神层面的修养。太极拳注重身心合一、意守丹田,人们通过对舒缓姿势的练习和动作与呼吸的配合,可以减轻压力、促进血液循环、增加肌肉力量和灵活性,以达到养生保健的目的。

传统文化中有着丰富的饮食养生知识。根据中医药理论,饮食在养生保健中有着重要的地位。传统文化中,根据四季变化和个体特点,提倡食用五谷杂粮、新鲜蔬菜和水果,并结合中药材,达到滋养身体、预防疾病的目的。例如,红枣、枸杞、山药等食材是传统文化中的瑰宝,具有养血、补气、健脾胃的功效,合理食用可以提高免疫力,增强身体抵抗力。

(三)传统文化在医疗服务中的应用

在当今医疗服务领域,传统文化正发挥着越来越重要的作用。传统文化的应用不仅仅是为了传承和弘扬中华优秀传统文化,更是为了提升医疗服务的质量和效果。

传统文化在医疗服务中的应用体现了以人为本的理念。传统文化注重人与自然的和谐相处,重视人的身心健康,强调预防保健。因此,在医疗服务中,传统文化倡导医生关注患者的整体情况,关注患者的心理和情感需求,从而更好地帮助患者恢复健康。在医疗服务中,医生受传统文化的启发,注重与患者的沟通和交流,使患者感受到人文关怀,从而增强治疗效果。

传统中医文化在医疗服务中的应用体现为传统医学与现代医学的融合。传统医学是中国传统文化的重要组成部分,它以中医药为代表,具有悠久的历史和卓越的疗效。在医疗服务中,倡导将传统医学的理念和方法与现代医学相结合,形成更加综合、个性化的治疗方案。例如,中医药在医疗服务中被广泛应用,中草药的药效和治疗方法被有效地结合到现代医学中,这不仅提供了多样化的治疗选择,也增强了医疗服务的效果。

传统文化在医疗服务中的应用体现为文化疗法的运用。文化疗法是一种运用音乐、舞蹈、绘画等文化形式来辅助治疗的方法。传统文化中蕴含着丰富的艺术表达形式,通过这些形式,可以促进患者的情绪宣泄、心理疏导和身心调和。例如,患者可以通过参与各种艺术活动,得到身心的愉悦和放松,增强对病情的抵抗能力,从而提高医疗服务的效果。

第二章　现代教育与优秀传统文化

第一节　现代教育概述

一、现代教育的定义

(一)现代教育的基本概念

现代教育是在社会和科技发展的推动下逐渐形成和发展起来的一种新型教育模式。它与传统教育相比,具有很明显的特点。现代教育的基本概念主要包括以下四个方面。

1. 注重培养学生的综合素质

传统教育注重对学生知识技能的传授,而现代教育则更加关注学生的全面发展。现代社会对于人才的需求日益多样化和复杂化,除了专业知识,学生还需要具备创新能力、团队合作能力、沟通能力等综合素质。因此,现代教育致力于培养学生的综合素质,以满足社会对人才的需求。

2. 强调学生的主动学习和自主发展

在传统教育中,教师往往起主导作用,学生则被动接受知识。而现代教育倡导学生的自主学习和主动探究,注重培养学生的学习兴趣和自主思考能力。学生在自主学习的过程中,能够更好地适应知识的快速更新和变化,培养自主发展的能力和持续学习的意识。

3. 注重培养学生的创新能力与实践能力

传统教育更多的是教学生做事情的方法,而现代教育则更注重培养学生的创造力和实践能力。现代社会对于具有创新能力和实践能力的人才的需求越来越大。培养学生的创新能力和实践能力不仅能够满足社会的需求,也能够提高学生的竞争力,促进其自身的发展。

4. 强调个性化教育

在传统教育中,教学活动大多按照统一的教学计划和进度进行,学生的个性化差异往往被忽视。而现代教育则更加注重学生的个性和差异,针对学生的不同特点和潜能,提供个性化的教学方法和资源,帮助学生充分挖掘潜能,实现自身的价值。

(二)现代教育与传统教育的区别

现代教育与传统教育相比,在教育理念、教学方法、课程设置等方面存在诸多区别。

现代教育注重培养学生的创新能力和综合素养,强调培养学生的批判性思维、问题解决能力和团队合作精神;而传统教育则偏重于灌输知识,注重学生对知识的记忆与应试能力。现代教育更加关注学生的个性发展和自主学习,倡导学生亲身参与,激发学生的兴趣和潜能;传统教育则相对单一,强调学生的纪律性和服从性,学生较少参与教育过程的决策与管理。

现代教育倡导多元化的教学方法和评价体系。在教学方法上,现代教育鼓励教师采用探究式教学、项目式学习等学生主动参与的教学方式,培养学生的独立思考能力和合作能力;而传统教育则以讲授式教学为主导,强调知识的传递和考试成绩。在评价体系上,现代教育倾向于综合评价和能力评价,注重学生的实际能力和发展进程;而传统教育则主要以考试成绩为评价标准,忽视了学生的综合素质和个性差异。

现代教育与传统教育在课程设置上也有所差异。现代教育更加注重培养学生的综合素质,因此课程设置更加多样化和个性化。除了基础学科的教学,现代教育还注重发展学生的艺术、体育、创新等综合素养。而传统教育在课程设置上则相对固定,偏重于基础学科知识的传授和应试训练,对学生的个性差异和兴趣发展关注较少。

二、现代教育的特征

(一)现代性

现代教育作为传统教育方式的一种发展趋势,具有鲜明的现代性特征。

1.现代教育注重个性发展

传统教育往往采取一刀切的教学方式,忽视了学生的个体差异;而现代教育则更加关注学生的个性与特长,通过个性化教学的方式,激发学生的主动性和创造力,培养出具有独特才能和独立思考能力的人才。

2.现代教育强调跨学科教学和综合性

传统教育往往按学科进行教学,导致学生只注重学科知识的掌握,而忽视了不同学科之间的联系和自身综合能力的提升;而现代教育推崇学科融合的教学方式,培养学生的综合能力和批判性思维。

3.现代教育注重开放性与多元化

传统教育往往是单一的,以教师为中心,学生被动接受教育;而现代教育强调增加学生参与和互动的机会,在教学过程中鼓励学生自主学习和合作学习。此外,现代教育还倡导对多元文化的接纳和尊重,通过引入不同的文化和思想,培养学生的国际视野和跨文化交流能力。

4.现代教育强调实践性

传统教育注重对理论知识的传授,忽视了对学生实践能力的培养;而现代教育通过实践教学,让学生在实际工作和生活中应用所学知识,提升他们解决问题的能力和实践能力。现代教育追求让学生真正掌握和运用所学知识,将理论与实践结合起来,培养具有实践能力和创新精神的人才。

(二)科学性

科学性是现代教育的重要特征之一。现代教育注重科学性的体现,通过科学的理论支持和实证研究的方法,使教育从经验主义走向科学化。科学性意味着教育活动具有理论性、系统性和实证性。

1.现代教育注重理论性

科学的教育理论为教育提供了坚实的理论基础。教育活动不仅仅停留在经验的积累上,而且借助合理的理论框架进行指导。教育理论的发展和创新不断推动着教育工作的发展和进步。例如,行为主义、认知理论、建构主义等教育理论的兴起和应用,使教育活动更加合理化、规范化和有序化。

2.现代教育具有系统性

科学性要求教育活动具备完整的体系和结构。现代教育将教育活动看作一个系统,教育的各个环节相互联系、相互作用,教育目标、教学内容、教学方法、评价方式等都要协调一致,相互支持,形成教育活动的有机整体。例如,课程设置的科学性体现了教育活动的系统性,课程的设计、内容的选择和安排,都要符合科学原理和教育目标,以保证学生的全面发展。

3.现代教育强调实证性

科学性要求教育活动必须经过实验证明其有效性。现代教育注重科学研究和实践经验的结合,通过实验研究来验证教育的效果,为教育活动提供科学依据,指导和改进教育实践。例如,教育评估和教育研究的开展,为教育活动提供了科学的依据和指导。通过实证研究,教育者可以了解教育活动的效果,评估教育质量,从而不断改进教育方式和手段。

(三)人文性

人文性特征体现了教育的人本导向和关注人的全面发展。在现代社会,教育不局限于知识的传授,更注重培养学生的人文素养和人格品质。

人文性特征体现在教育目标的设定上。现代教育的目标不仅是培养学生的专业能力和技术技能,更重要的是培养学生的人文素养和社会责任感。现代教育的目标是培养具备独立思考能力、批判精神和创新能力的全面发展的人。

人文性特征体现在课程的设置上。现代教育注重培养学生的综合能力、批判性思维和创造力,因此在课程设置上,应该注重知识的广度和深度,开设综合性课程,培养学生的人文素养和综合能力。

人文性特征体现在教育环境的营造上。现代教育应该营造一个有温度和充满关怀的环境,关注学生的个性发展和心理健康。教师应该以身作则,引导学生树立正确的人生观和价值观。

人文性特征还体现在评价和考核的方式上。传统的考试评价方式更注重考查学生的知识掌握程度,而现代教育更注重考查学生的综合能力和素养。因此,在评价和考核上应该采取多样化的方式,如综合评价、项目制评价等,这样能够更准确地反映学生的综合能力和发展情况。

(四)普遍性

普遍性特征指的是现代教育在不同背景和环境下都具备的共同特点。这些特点不受地域、文化和社会差异的限制,适用于世界各地的教育实践。

1.追求平等

现代教育强调每个个体都有平等接受教育的权利,不论其性别、种族、社会地位或经济状况如何。平等教育的理念倡导教育制度中的包容性和公正性,以确保每个学生都能享受到平等的教育机会和教育资源。

2.多元性

现代教育强调尊重和接纳不同的文化、信仰、价值观。现代教育鼓励学生在多元文化和多元性环境中学习和相互交流,培养他们的跨文化意识和适应能力。

3.个性发展

现代教育注重培养学生独立思考的能力、创造力和批判性思维。现代教育强调学生的主体地位,注重个性化的学习和发展方式,以满足个体的需求和发展。

4.面向未来

现代社会不断变化和发展,教育也需要与时俱进。现代教育致力于培养学生具备未来所需的知识、技能和素养,使他们能够适应快速变化的社会环境和工作环境。因此,现代教育强调培养学生的创新能力、信息素养和问题解决能力,以应对未来的挑战。

三、现代教育的目标

(一)全面发展

全面发展旨在培养学生多方面的能力和素质,促进他们全面成长和终身发展。全面发展的目标涉及学生的认知、情感、体质、社交等多个方面。具体而言,全面发展的目标包括以下四个方面。

1.培养学生的认知能力

信息时代,知识更新十分迅速,学生需要具备广博的知识面和扎实的学科基础。在教育过程中,教师应该注重培养学生的学习主动性和创新思维,帮助他们形成良好的学习习惯和掌握有效的学习方法,培养其批判性思维和问题解决能力。

2.培养学生的情感和价值观

当今社会存在多元的价值观和道德观,学生需要在各种价值观中进行选择和判断。在教育过程中,教师应该注重培养学生的情感素质,包括情绪管理、人际关系、自我认知等方面。同时,教师也需要引导学生形成正确的价值观、道德观,培养他们的社会责任感。

3.提升学生的体质健康水平

健康是生命的基石,良好的体质和健康的生活方式对学生的全面发展至关重要。在教育过程中,教师应该注重加强学生的体育锻炼,引导学生养成健康的生活方式,加强他们的身体素质,并守护其心理健康。

4.培养学生的社交能力

社交能力是一个人在社会交往中与他人合作、沟通和解决问题的能力。在现代社会,个人的成功和成就往往依赖于良好的社交能力。因此,在教育过程中,教师应该注重培养学生的团队合作能力、交流技巧和问题解决能力,让他们在社交中展现出自己的才华和能力。

(二)自我实现

现代社会,追求个人的全面发展和自我实现的价值观念已经深入人心。自我实现的目标意味着学生在学习过程中不仅要关注知识的获取和能力的培养,还要注重发展个体的内在潜力和个性特长。

自我实现的目标要求注重培养学生的独立思考能力和创造力。传统教育往往强调知识的灌输和机械记忆,而现代教育则着眼于培养学生的思辨能力和创新精神。教师应该鼓励学生独立思考问题、提出自己的见解,经过实践实现自己的想法。

自我实现的目标要求关注学生的兴趣与激情。每个学生都有自己的兴趣爱好和特长,而这些潜能的发掘和培养对于他们的自我实现至关重要。现代教育应该提供多样化的学习机会和实践活动,让学生能够根据自己的兴趣选择学习内容和方式,激发他们的学习热情和创造力。

自我实现的目标要求培养学生的自主学习能力和自我管理能力。在现代社会,知识和信息的更新速度非常快,学生不能仅仅依靠教师的指导和外部的压力来学习。他们需要具备自主获取知识和学习的能力,能够主动解决学习中的问题,并承担相应的学习责任。

自我实现的目标还要求关注学生的情感健康和人格发展。现代生活中普遍存在压力,学生的情感健康和人格发展常常受到挑战。教师应该注重培养学生的情感表达和处理事情的能力,帮助他们形成健康的人际关系和树立正确的人生态度。

(三)社会适应

社会适应是现代教育的一个重要目标,它体现了教育的实用性和社会性。现代社会的发展日新月异,人们需具备适应社会发展的能力。因此,现代教育应当致力于培养学生的社会适应能力,使他们能够在日常生活和工作中充分适应社会需求的变化。

1.培养学生良好的人际交往能力

在现代生活和工作中,人们常常需要和他人进行沟通和合作。因此,学生应当学会如何与他人合作、交流和解决问题。现代教育不仅要培养学生掌握一些技巧和知识,还要培养他们的合作意识、团队精神和社交技能。只有具备良好的人际交往能力,学生才能更好地适应社会环境,并与他人和谐相处。

2.培养学生自主学习和自我管理的能力

现代社会对个体的要求越来越高,需要学生具备主动学习的意识和能力。学生不但要具备独立思考、自主学习和解决问题的能力,还需要具备时间管理和自我调节能力,以便更好地应对学习和生活中的各种挑战。只有具备自主学习和自我管理的能力,学生才能为自己的未来发展做好充分准备。

3.培养学生创新和适应变化的能力

现代社会发展变化迅速,要求个体能够灵活应对各种变化和挑战。现代教育应当培养学生的创新思维、独立思考和解决问题的能力。同时,学生还需要具备适应变化的能力,以便积极应对各种挑战。只有具备创新和适应变化的能力,学生才能在未来的生活和工作中取得成功。

4.培养学生的社会责任感和公民意识

现代社会对个体的要求不仅仅在于个人的成就和利益,更注重个体对社会的贡献和责任。现代教育应当培养学生对社会关注和关心的程度,培养其社会责任感和公民意识,促使其积极参与社会公益活动。只有具备社会责任感和公民意识,学生才能积极地为社会发展和进步作出贡献。

(四)未来发展

现代教育需要紧跟社会发展的脚步,适应未来社会发展的需求和变化。在经济全球化程度日益深化的时代背景下,实现现代教育的发展目标变得更加重要和紧迫。

1.培养具备创新思维和创造力的学生

如今,创新已成为社会发展的重要驱动力,因此,现代教育的关注点也应放在激发学生的创新潜能上。现代教育应该鼓励学生独立思考、勇于探索,培养他们解决问题和应对挑战的能力。

2.培养具备全球视野和跨文化交流能力的学生

经济全球化已经把世界紧密地联系在一起,学生需要具备了解其他国家和地区文化和背景的能力。现代教育应该培养学生的国际意识,通过跨文化交流和合作项目,让他们认识并尊重我国与其他国家和地区的文化差异。

3.培养具备适应快速变化的社会发展和职业要求的学生

未来的社会发展和职业环境将面临更加快速的变化和更大的不确定性。现代教育需要培养学生的灵活思维和适应思维,使他们具备终身学习的能力,重点放在培养学生的批判性思维、问题解决能力和自主学习能力上,使他们能够适应各种新兴的职业领域和工作方式。

4.培养具备社会责任感和可持续发展意识的学生

现代社会面临着许多挑战,包括环境问题、社会问题等。现代教育应该培养学生的社会责任感和参与意识,让他们理解自己与社会、环境以及他人的关联,培养他们为社会可持续发展作出贡献的能力。

四、现代教育的功能

(一)知识传授功能

在现代社会中,知识是人们获取信息、认识世界、解决问题的基础。因此,现代教育应当承担起向学生传授知识的责任。知识传授功能的实现,需要教师采用多种有效的教学方法,以便学生能够全面、系统地掌握各种学科知识。

教师应当具备丰富的学科知识和教学经验。只有具备充足的知识储备,教师才能准确地传授知识,回答学生提出的问题,并帮助他们消除知识上的困惑。教师还应当不断丰富自己的知识储备,及时了解学科领域的最新发展,确保所传授的知识是真实、准确的。

知识传授应当注重培养学生的问题解决能力和创新思维。传统教育更注重学生对知识的被动接受和记忆,而现代教育则更加注重培养学生的主动学习能力。教师通过提出问题、设计实验、进行案例分析等教学方法,提升学生的思维能力,使学生在实践中掌握和运用知识,培养他们解决问题和创新的能力。

知识传授功能还应当与其他功能相互融合。比如,在知识传授的过程中,教师可以引导学生思考知识与价值观的关系,帮助他们形成正确的价值观。教师还可以鼓励学生提出新的观点或解决方法,促进他们创新意识的培养。这种综合性的教学方法不仅可以提高知识的传授效果,也能够培养学生多方面的能力。

(二)技能培养功能

随着社会的发展和科技的进步,人们对于各种技能的需求也在不断增长。现代教育旨在培养学生掌握各种实用技能,以帮助他们适应社会的发展和满足个人的生活需求。

1.技能培养可以提升学生的就业竞争力

在当今竞争激烈的社会环境中,拥有一项独特的技能可以帮助求职者脱颖而出。现代教育致力于培养学生在各个领域具备专业技能,如计算机技术、语言能力、艺术表演等。通过技能培养,学生能够在日后的职业生涯中更加自信且具备竞争力。

2.技能培养有助于学生个人价值的探索与实现

每个人都有自己的潜在能力和梦想。现代教育通过培养学生的各种技能,帮助他们发现和挖掘自己的兴趣和潜能。例如,在体育教育中,学校可以提供各种体育项目供学生选择,让他们有机会发现自己的特长和爱好,并通过专业的培训和指导进行深入发展。技能培养让学生能够积极探索自己的兴趣并实现个人的发展目标。

3.技能培养有助于提升学生解决问题的能力和创新思维

人们在现代社会面临着日益复杂的挑战和各种问题,需要有高水平的问题解决能力和创新思维。通过技能培养,学生能够锻炼自己的逻辑思维能力、问题解决能力和创造力。例如,在科学实验课上,学生可以通过实验设计、数据分析和结论总结等环节,培养自己的科学思维和实验技能,使他们在面临问题时能够快速分析,并能够提出具有创新性的解决方案。

(三)价值观塑造功能

价值观塑造是通过教育过程中的各种方式和途径来引导学生形成正确的价值观、道德观和社会责任感。现代教育致力于培养学生的社会责任感和公民意识。

现代教育通过课程设置来塑造学生的价值观。现代教育课程内容应不仅仅是知识的传授,更应该注重培养学生的道德素养和公民意识。例如,在语文课程中,教师可以选取具有积极向上的价值观的文学作品,通过阅读和讨论引导学生形成正确的价值观;在社会科学课程中,教师可以引导学生了解社会问题,培养他们的社会责任感。通过精心设计课程内容,现代教育为学生提供了塑造正确价值观的机会。

现代教育注重培养学生良好的行为习惯和道德品质。教育机构通过校规校纪、操行评定等方式,引导学生形成良好的品德和行为习惯。例如,学校可以设立道德规范,对学生的言行进行引导和规范。同时,教师应该以身作则,成为学生的榜样,通过引导和示范指导学生形成正确的价值观。

现代教育注重通过活动和社会实践来塑造学生的价值观。学校可以组织各类社会实践活动,让学生亲身体验社会的复杂性和多样性,培养他们的社会责任感和公民意识。

例如,学生可以参与公益活动、志愿服务等,通过参与实践活动了解社会问题,培养对弱势群体的关爱和责任感。

在发挥价值观塑造功能时,现代教育要注重灵活性和多样性。不同的学生具有不同的文化背景和生活经验,他们对价值观的理解和认同存在差异。因此,现代教育应该根据学生的个体差异,灵活地开展教育活动,并提供多样化的教育资源和机会,促进学生价值观的全面发展和多元化发展。

(四)创新能力激发功能

现代教育的一个重要功能就是激发学生的创新能力。在这个功能下,教育不仅仅注重知识的传授和技能的培养,还注重培养学生的创新思维和创造性。

通过开展多元化的教学活动和创新课程设计,学校能够为学生提供创新的环境和机会。例如,学生可以参与一些科学实验、工程设计或艺术创作活动,培养创新思维和动手能力。这种方式不仅可以锻炼学生的创新能力,而且可以激发学生对创新的兴趣和热情。

教师在教学过程中需要注重培养学生的创新精神和创新能力,鼓励学生提出自己的观点和想法,在解决问题的过程中,尊重学生的创意和创新。同时,教师还可以设计一些创新型的任务和项目,让学生通过合作和独立思考去解决问题,完成任务,从而培养学生的创新能力。这样做不仅能够提高学生的综合素质,也有助于他们在未来的工作和生活中更好地适应快速变化的社会环境。

学校通过开设创业教育课程培养学生的创新和创业能力。在创业教育课程中,学生可以学习提炼创意、制订商业计划和运营新创项目等实践技能。这样的课程旨在培养学生创新创业的意识和能力,为他们未来的职业发展提供更多的可能性。

五、现代教育的原则

(一)以人为本原则

在现代教育中,以人为本原则强调教育的主体是学生,将学生置于教育活动的核心地位。以人为本的教育原则体现了对每个学生个体差异和需求的关注,旨在培养全面发展的人才。

1.强调尊重学生的个体差异

每个学生都具有独特的兴趣、能力和学习风格。教师在教学过程中需要充分了解学生的差异,从而根据不同学生的特点和需求进行个性化教学。例如,一些学生喜欢通过视听方式学习,而另一些学生则更擅长通过实践来掌握知识。以人为本原则要求教师采用不同的教学方法和策略,尊重学生的个体差异,提高其学习兴趣和积极性。

2. 注重促进学生的全面发展

现代教育不仅仅关注学生的学科知识学习,更注重培养学生的综合素养和能力。以人为本原则要求教师关注学生的身心健康,培养学生的创新思维、批判性思维和合作精神。教师需要关注学生的心理健康、身体健康和社交能力,通过开展丰富多彩的教育活动,培养学生的综合素质和能力。

3. 倡导教学过程中的互动与合作

现代教育不再是教师单向传授知识的过程,而是一个互动、合作的过程。教师应当与学生进行良好的互动,充分发挥学生的主体性和积极性。以人为本原则要求教师关注学生的参与度,通过小组合作、讨论、互助等形式,培养学生的合作能力和团队精神。在教育活动中,教师应当尊重学生的主动性和创造性,为学生营造积极、开放的学习环境。

(二)知识与技能并重原则

在现代教育中,知识与技能并重原则的核心观念是教育不仅仅要传授知识,还要培养学生的实际操作能力。传统的教育往往注重知识的灌输和记忆,而忽视了培养学生的实践能力和应用能力。然而,在当今社会,掌握知识固然重要,但更重要的是能够运用所学知识解决实际问题和应对各种挑战。

知识与技能并重的教育原则体现了对学生全面发展的追求。除了学习知识,学生还需要具备一定的技能,才能适应和应对竞争激烈的社会环境。例如,学生在学习科学知识的同时,需要具备实验操作的能力;在学习语言知识的同时,需要具备有效的沟通和表达能力。知识和技能的双重培养可以提高学生的综合素质,使其在面对各种挑战时更加自信。

为了培养学生的知识和技能,教育界提出了多种教学方法和手段。传统的课堂教学侧重于知识的传授和解释,但在知识与技能并重的原则下,教师需要更加注重实践和操作。例如,通过实验课程,学生可以动手操作、实践,从而加深对所学知识的理解和应用。此外,教育机构也可以组织各种实践活动,如实地考察、实习等,让学生亲身经历和实践,提高他们的实际操作能力。

在知识与技能并重的教育原则下,教育机构需要不断更新和改善课程设置,不仅要考虑知识的内容和传授方式,还要关注技能的培养和实践机会的提供。为此,教育机构可以制订详细的教学计划,将理论学习与实践操作相结合,使学生能够在学习中真正掌握知识和技能。此外,教育机构还可以与相关企业和社会机构合作,为学生提供实践的机会和资源,帮助他们更好地强化和提升自己的技能。

(三)教育与社会需求相适应原则

教育的最终目的是培养合格的社会人才,因此,现代教育必须紧密结合社会需求,以适应社会的发展和变化。教育与社会需求相适应原则的核心是以社会需求为导向,根据社会的需要来调整教育内容和方式,确保教育能够真正为社会所用,为社会的进步和发展作出贡献。

教育与社会需求相适应原则要求教育必须关注社会的现实问题和需求。社会是一个变化的复杂系统,教育不能脱离社会现实而独立存在。教育机构应该密切关注社会问题,了解社会需求,从而在教育实践中有针对性地教授学生知识、技能,以满足社会需要。

教育与社会需求相适应原则要求现代教育培养出学生适应社会发展和变化的能力。社会在不断发展和进步,教育不能停留在过去的教育模式和知识体系上,而应该关注未来社会的需求,培养学生适应社会发展的能力,包括培养学生的创新能力、沟通能力、团队合作能力等,使他们能够适应社会的变化,为社会的发展作出积极贡献。

教育与社会需求相适应原则要求现代教育与产业发展结合。注重培养与社会各产业发展相适应的人才,帮助学生掌握从事当前社会各产业工作需要的知识和技能,并具备适应未来产业发展的潜力。为此,教育机构需要与社会企业密切合作,了解企业的需求和趋势,及时调整教育的内容和方式,以提高学生的就业竞争力和职业发展能力。

教育与社会需求相适应原则要求现代教育以培养学生的社会责任感和公民意识为目标。通过课程设置和教育活动培养学生的社会责任感和公民意识,使他们具备为社会和国家作出贡献的意识和能力。只有这样,教育才能真正成为维护社会稳定和促进社会发展的重要力量。

(四)教育与实践相结合原则

现代社会对教育的要求已经超越了传统的知识传授和理论学习,更加注重培养学生的实践能力和创新能力。教育与实践相结合原则的核心在于将学习与实际应用相结合,通过实践活动使学生能够将所学知识运用到实际生活中去。

教育与实践相结合可以提高学生的学习积极性和主动性。传统教育往往只注重理论知识的传授,导致学生缺乏学习的动力和兴趣。而通过实践活动,学生能够亲自去实践,在实践中发现问题、解决问题,这样的学习方式更加具有激励性,可以激发学生主动学习的欲望,增强学习效果。

教育与实践相结合可以提升学生的应用能力和实践能力。现代社会对毕业生的要求不仅仅是掌握一定的理论知识,还看重他们的实际操作能力和解决问题的能力。通过实践活动,学生可以将所学知识应用到实际生活中,这不仅能够加深学生对知识的理解与记忆,还能够培养学生的分析、判断、决策等实践能力。这些实践能力的培养对学生的个人发展和职业发展具有重要意义。

　　教育与实践相结合可以培养学生的创新能力和实践能力。实践活动往往需要学生主动去思考、探索、创新,这能够促使学生关注问题的发展趋势和未来的需求,培养学生的创新意识和创新思维。通过实践活动,学生能够在实践中不断审视、反思、改进自身的能力和素质,提升实践能力和自主创新能力,为将来的工作和生活做好充分准备。

第二节　现代教育的理念

一、以人为本理念

(一)以人为本理念的定义

　　在现代教育中,以人为本理念是一种根本的教育观念,它强调教育的核心是学生,重视学生的个体差异和发展需求。以人为本理念的定义可以从以下几个方面来阐述。

　　以人为本理念是一种关注学生个体的理念。它不仅视学生为教育的对象,还将其视为自主、独立的个体,强调每个学生都具有独特的兴趣和能力。在这种理念下,教育者应该尊重学生的个体差异,关注并满足每个学生的发展需求,为其提供个性化的教学和发展环境。

　　以人为本理念是一种注重人的全面发展的理念。它认为教育的目标不仅是传授知识,还在于培养学生的综合素养和发掘学生的发展潜能。在这种理念下,教育者应该关注学生的认知、情感、审美、健康等各个方面的全面发展,引导学生积极参与各种活动,培养他们的多元能力和综合素质。

　　以人为本理念是一种关注学生主体性和创造性的理念。它强调学生是教育的主体,主张学生应该成为有自主性、批判性、创造性的学习者。在这种理念下,教育者应该为学生提供参与性的学习机会和活动,激发他们的主动性和创造力,培养他们的批判性思维和创新能力。

　　以人为本理念是一种关注学生整体发展的理念,它不仅强调对学生认知能力的培养,还强调培养学生的情感、价值观、道德素养等方面。在这种理念下,教育者应该与学生建立良好的师生关系,关注学生的情感需求,引导他们树立正确的价值观和道德观,培养他们的社会责任感和公民素养。

(二)以人为本理念的发展历程

以人为本理念作为现代教育的一种重要理念,其发展历程可以追溯到人类教育思想的起源。在古代教育中,尽管注重知识传授和技能培养,但往往忽视了学生的个体差异和发展需求。随着社会的进步和人们对教育的深入思考,以人为本的教育理念逐渐被提出并受到关注。

18世纪,启蒙运动的兴起对教育产生了重要影响。启蒙思想家主张将教育的目标放在培养学生的综合素质和人格发展上,而非仅仅传授知识。他们认为,每个学生都是独特的个体,应该充分尊重学生的兴趣、需求和个性,使教育更符合学生个体的发展需求。

进入20世纪,以人为本理念在教育领域引起了更多的关注和实践。教育家开始关注学生的心理健康和个性成长。例如,瑞士教育家皮亚杰提出的儿童认知发展阶段理论,强调学习应该与学生的认知能力和发展特点相匹配。这在很大程度上推动了以人为本理念在教育实践中的应用。

此后,以人为本理念逐渐渗透到各个教育领域。在幼儿教育中,注重关爱和呵护,为孩子提供一个良好的成长环境;在基础教育中,强调个性发展和兴趣培养,为学生提供多元化的学习机会和选择空间;在高等教育中,重视培养学生的自主学习和创新能力,鼓励学生独立思考和培养其解决问题的能力。

如今,以人为本理念已经成为现代教育的核心理念之一,教育实践的种种探索和改革也不断完善和深化着这一理念。在以人为本的教育中,教育者要更加注重对学生的整体发展的促进和个性特点的培养,为学生提供更加个性化的学习支持和引导。

(三)以人为本理念在现代教育中的运用

以人为本理念强调了教育的目标和过程都应该以学生的发展和需要为中心。以人为本的理念致力于通过关注学生的个体差异、兴趣特长和发展潜力,促进学生的全面发展和个性发展。

1.关注学生的个体差异

每个学生都是独特的个体,具有不同的兴趣爱好、学习方式和认知特点。在教学中,教育者应该根据学生的个体差异采用不同的教学策略和方法,以满足不同学生的学习需求。例如,对喜欢音乐的学生可以通过音乐教育来激发其学习兴趣和创造力,而对喜欢科学的学生可以提供更多实验和探究的机会。

2.追求学生的全面发展

综合素质教育的理念在以人为本的教育中得到广泛应用。在全面发展的素质教育中,学生的智育、德育、体育、劳育和美育都被重视。教育者不仅要注重学生的学术成绩,还要培养他们的实践能力、创新精神和团队合作意识。通过提供丰富的学科实践和课外活动,以人为本的教育可以帮助学生全面发展各个方面的能力,以应对未来社会的挑战。

3.培养学生的个性

学生是教育的主体,每个学生都应该被尊重和关怀。以人为本的教育理念强调学生的主动性和自主性,鼓励他们发展自己的兴趣,充分发挥自己的潜能。在以人为本的教育中,教育者不仅要传授知识,还要引导学生发现和实现自己的价值,通过个性化的教学和辅导,使学生充分展示自己的特长和才能,在教育的过程中获得满足感和成就感。

二、全面发展理念

(一)全面发展理念的定义

全面发展理念是一种现代教育理念,它强调学生在学习和成长过程中的全方位发展。全面发展理念认为教育不应仅仅关注知识的传授,还应注重培养学生的多元能力和个性特长。它强调学生在认知、情感、社交和实践等多个方面的全面发展。

1.全面发展理念强调学生的认知发展

全面发展理念倡导学生在学习中不仅要记住文化知识,还要培养思维能力、创造能力和解决问题的能力。全面发展理念认为,学校应该创造良好的学习环境,激发学生的学习兴趣和想象力,培养他们的批判性思维和创新能力。

2.全面发展理念强调学生的情感发展

全面发展理念认为教育不应仅传授知识,还应培养学生的情感素质和价值观。学生应该学会理解和尊重他人的感受,培养自律、自信和自尊的品质。全面发展理念鼓励学校创建一个温馨、和谐的校园环境,帮助学生养成积极向上的情感态度。

3.全面发展理念强调学生的社交发展

全面发展理念认为学生应该学会与他人合作、沟通和分享。学校应该提供各种社交机会,如团队合作、社团活动等,培养学生的合作意识和沟通能力。全面发展理念认为,通过积累社交经验,学生可以学会理解他人、尊重差异和建立良好的人际关系。

4.全面发展理念强调学生的实践发展

全面发展理念认为学生应该通过实践活动将所学知识应用于实际生活中。学校应该提供各种实践机会,如实习、实训等,帮助学生将理论与实践相结合。全面发展理念认为,实践经验可以增强学生的动手能力、创造能力和解决问题的能力。

(二)全面发展理念的发展历程

在传统教育观念中,教育的目标主要集中在知识的传授和学生的学业成绩上。然而,随着社会的发展和教育研究的深入,教育者开始意识到单纯追求学术成绩的教育模式已无法满足学生全面发展的需要。因此,全面发展理念被逐渐引入教育领域。

在全面发展理念的发展历程中,教育者逐渐认识到学生的全面发展包括智力、体质、情感、社交等各个方面的发展,教育的目标也从注重学术成绩转变为注重学生多方面的发展,学生的个性特点、兴趣爱好、潜能发展等开始得到更多的重视。

随着全面发展理念的不断普及,教育界开始提倡注重培养学生的实践能力和创新思维。这一变革不仅体现在教学内容的修改和教学方法的更新上,也涉及教师角色的转变。教师不再是传统意义上的知识传授者,更多地扮演着引导者、激发者和促进者的角色。他们鼓励学生积极参与实践活动,培养学生的创新思维和解决问题的能力。

全面发展理念的发展历程中还涌现出一系列学校和课程改革的实践。学校教育由以传统的知识灌输为主转变为全面培养学生素质。同时,多元评价体系也逐渐取代了对单一考试成绩的过分强调。多元评价体系更加注重学生综合素质和能力的发展,并且给予学生更大的选择和发展空间。

(三)全面发展理念在现代教育中的运用

在现代社会,仅传授知识已不能满足学生发展的需要,学生需要具备广泛的知识、丰富的技能以及良好的品德和人际关系。因此,在教育过程中,倡导全面发展的教育理念已成为一种常见做法。

1.培养学生的多元智能

每个学生都有自己的擅长之处和优势,不同的智能类型也需要得到合理的发展。在现代教育中,教师应根据学生的特点,采用多样化的教学方法和评价手段,帮助学生充分发展各种智能。例如,在语言智能方面,通过开展编写论文、演讲等活动来培养学生的表达能力和逻辑思维能力;在运动智能方面,可以组织各类体育活动,让学生在运动中发展自己的身体协调性和运动技能。通过多元智能的培养,学生可以充分挖掘自己的潜力,为未来的发展打下基础。

2.培养学生的创造力和创新能力

当今社会,创新已成为驱动发展的关键。为了培养学生的创造力和创新能力,教育者应为学生提供创造性的学习环境和机会。教师可以设计具有挑战性和灵活性的问题来激发学生的思维能力和创造力。同时,培养学生的批判性思维,让他们能够质疑、思考和解决问题。此外,学校还可以组织科技创新比赛、艺术展览等活动,为学生提供展示创造力和创新能力的平台。

3.个性化教育

学生的个体差异是不可忽视的,每个学生都有自己的兴趣、需求和学习方式。个性化教育注重关注每个学生的个体差异,为其提供相应的学习支持和资源。通过洞察学生的特点和需求,教育者可以根据学生的个体差异,调整教学内容、方法和评价方式。这样,每个学生都能够在适合自己的学习环境中全面发展。

三、素质教育理念

(一)素质教育理念的定义

素质教育理念作为现代教育的一种重要理念,旨在培养学生全面发展的能力和素质。它不再局限于传统的知识灌输,更加关注对学生身心健康、人际交往能力、创新思维等综合素质的培养。素质教育理念强调培养学生的综合素质,帮助他们拥有全面发展的能力,以便轻松应对各种挑战和机遇。

素质教育理念的核心是将学生作为学习的主体,注重培养学生的学习兴趣和学习能力。在传统教育中,学生往往是被动接受知识的对象,而在素质教育中,学生扮演着主动学习者的角色。这意味着教师需要提供多样化的学习资源和环境,鼓励学生参与各种实践活动,培养他们的创新思维和解决问题的能力。

素质教育理念强调培养学生的人际交往能力和社会责任感。在现实社会中,人际交往和合作是非常重要的能力。素质教育理念鼓励学生积极参与团队合作、社会实践和公益活动,从而提高他们的社会交往能力和团队合作能力。这样的培养使学生在未来的职业发展中能够更加自信。

(二)素质教育理念的发展历程

素质教育理念的萌芽可以追溯到古代教育的初期阶段。古代教育主要注重的是传授知识和技能,培养学生的能力和技艺。随着时代的演进和社会发展需求的变迁,人们开始意识到仅仅关注学生的知识和技能是不够的,学生需要更全面的成长。因此,素质教育理念逐渐萌芽并开始渗透到教育实践之中。

随着现代教育的不断深化和发展,素质教育理念得到了更广泛的关注和重视。20 世纪初,许多教育家提出了素质教育的概念,并进行了相关的研究和实践。他们强调促进学生的全面发展,包括智力、体力、审美、情感、社会交往能力等。素质教育逐渐成为现代教育改革的重要方向。

在素质教育理念的发展过程中,越来越多的国家开始关注和倡导素质教育的实施。例如,我国在 20 世纪 80 年代先后提出了"普及素质教育""全面素质教育"的口号,并将其纳入教育改革的重要议题。素质教育理念的运用逐步得到了广大教育工作者和家长的认同与支持。

素质教育理念的发展已经超越了单一的学校教育范畴,逐渐扩展到社会各个领域。人们意识到,素质教育不仅仅是学校的责任,更是全社会的共同责任,政府、家庭、社区等各个方面都需要与学校共同努力,为学生提供更全面的成长环境和机会。这种全社会的共同参与,促进了素质教育理念的进一步深化和完善。

(三)素质教育理念在现代教育中的运用

素质教育理念在现代教育中的运用体现在课程设置上。传统教育注重学科知识的传递,而素质教育理念强调学科之外的综合能力的培养。因此,现代教育在课程设置上逐渐引入了艺术、体育、社会实践等丰富多样的内容,让学生能够全面发展。

素质教育理念在现代教育中的运用体现在教学方法上。传统的教学方法主要以教师为中心,重视知识的灌输和学生对知识的记忆;而素质教育理念强调学生的主体性和创造性。因此,在现代教育中,探索性学习、合作学习、实践性学习等教学方法得到了广泛应用,学生通过参与性的学习活动,积极主动地掌握知识,能力得到提升。

素质教育理念在现代教育中的运用还体现在评价体系上。传统教育往往以考试成绩为唯一评价标准,忽视了学生的综合素质和能力;而素质教育理念强调的是以学生为本,注重培养学生的综合能力。因此,素质教育理念下的现代教育在评价体系上引入了多元化的评价方式,如综合素质评价、学科竞赛、实践活动等,更全面地评价学生的发展情况。

四、创造性理念和主体性理念

(一)创造性理念的定义

在现代教育中,创造性理念被认为是一种重要的教育思想和方法,旨在激发学生的创造潜能和创新能力。创造性理念强调培养学生独立思考和解决问题的能力,开发学生的创造力和想象力,鼓励他们在学习过程中提出新的观点和新的解决方案。

创造性理念的核心观点是将学生视为创造者和主动参与者,而不是被动接受知识的对象。在创造性理念下,教师应充当学生的指导者,激发学生的创新思维。在这一过程中,教师的教学重点是引导学生展开探究,解决问题,培养其创造力和创新能力。

创造性理念的实践方法非常多样,教师通过组织开放性的讨论和思考活动,提供多样化的学习资源和实践机会,鼓励学生尝试新的方法和策略。同时,创造性理念也要求教师创造良好的学习环境,营造鼓励学生提问、接受不同观点、尝试新想法的氛围,以及提供充足的时间和空间供学生实践和创造。

创造性理念下的现代教育是为了培养学生的创造力和创新能力,使他们成为具有创造性思维和解决问题能力的终身学习者。秉持创造性理念实施教学,教师可以激发学生的求知欲望和好奇心,培养他们主动探索、勇于尝试和接受挑战的精神。

(二)主体性理念的定义

主体性理念强调教育过程中学生的主体地位和积极参与。主体性理念的核心观念是将学生视为教育过程的主体,强调他们在学习中的主动性、自主性和创造性。在主体性理念下,学生不再被动地接受知识和教育,而是成为学习的主体,拥有自主学习、自主思考和自主创新的能力。

主体性理念的出发点在于充分发挥学生的主动意识和主观能动性,鼓励他们积极参与课堂活动,并在学习中体验到自我价值的实现。通过培养学生的主体性,可以激发学生的学习兴趣和热情,提升学习效果和学习成果的品质。

与传统教育模式相比,主体性理念下的教育模式强调师生之间的互动和平等沟通。教师不再是传授知识的唯一权威,而是引导学生主动思考和解决问题的合作伙伴。在主体性教育模式下,教师应当成为学生的指引者和启发者,培养学生的批判性思维和解决问题的能力。

主体性理念还注重尊重个体差异和个性化发展。每个学生都有其独特的兴趣、天赋和能力,主体性教育模式鼓励学生发现自己的潜能和特长,并为其提供个性化的学习路径和支持。这样,学生可以根据自身的兴趣和优势领域进行深入学习,全面提升自己的能力和充分发掘自身潜能。

(三)创造性理念和主体性理念在现代教育中的运用

在现代教育中,创造性理念的运用体现在多个方面。首先,教师通过提供具有挑战性和启发性的学习任务,激发学生的创造力。例如,在数学课堂上,教师可以设计一些开放性问题,鼓励学生运用已学知识来解决,从而培养他们的创造性思维。其次,教师可以运用多样化的教学方法和资源,激发学生的创造力。例如,利用讨论、合作学习、实践活动等方式,引导学生寻求新的问题及解决办法。此外,学校还可以组织创新科研活动和创业教育,为学生提供更多展现创造力的机会。

主体性理念在现代教育中的运用同样重要。学生的主动参与和独立学习是主体性理念的核心。教师应该尊重学生的个性和需求,给予他们自主选择的权利。例如,在学习内容的选择上,学生可以按照自己的兴趣和能力进行选择,进一步激发他们的学习兴趣。此外,教师还应以学生为中心,鼓励他们参与课堂讨论、小组合作等活动,提升他们交流与合作的能力。这样的教学模式可以增强学生的学习主动性。

结合创造性理念和主体性理念,现代教育力求促进学生全面发展。创造性理念培养学生的创新能力,主体性理念培养学生独立思考和自主学习的能力。这两个理念的有机结合使学生能够真正成为具备创造力、主动性和自主学习能力的创新型人才。

五、个性化理念

(一)个性化理念的定义

个性化理念强调每个学生的独特性和个体差异。个性化教育强调个体的多样性和特殊需求,注重学生的个性发展和兴趣爱好的培养。在个性化教育中,每个学生被视为一个独特的个体,他们的思维方式、学习能力、兴趣爱好和发展潜力都有所不同。

个性化教育的定义包括许多要素。首先,它是一种教育理念,强调个体的发展和满足其需求的重要性。以传统的集体化教育模式为基础,个性化教育提出了一种不同的方式来满足学生的需求。其次,个性化教育强调独特性和差异性。每个学生都有自己独特的个性和发展轨迹,个性化教育根据学生的个体特点来制订学习计划和设计活动。最后,个性化教育关注学生的才华和兴趣。它鼓励学生发掘自己的潜力,探索自己感兴趣的领域。

个性化教育的核心是满足学生的学习需求和发展需求。这意味着教育者需要了解学生的个体特征,包括学习风格、学习能力、兴趣爱好等。基于这些了解,教育者可以制订个性化的学习计划,提供符合学生需求的教学资源和方法。个性化教育的目标是激发每个学生的学习热情,促进其个性的全面发展。

(二)个性化理念的发展历程

个性化理念的萌芽可以追溯到 20 世纪初。当时,教育者逐渐认识到同一种教育方式对每个学生的效果并不相同,且某些学生在传统教育中容易被忽略。这引发了个性化教育的初步探索和尝试。

20 世纪中叶至 21 世纪初,个性化理念逐渐深入人心并得到广泛应用。随着心理学、教育学等学科的发展,人们对个体差异的理解逐渐加深,认识到不同学生的个性特点以及学习风格之间存在差异。这促使教育机构和教育者开始探索个性化教育的具体实践方法并做出一系列有效尝试。

21世纪,个性化理念的发展进一步加快。随着信息技术的普及和应用、教育资源的开放共享以及教育数据的采集和分析能力的提升,个性化教育得到了更多的支持和进一步推动。学校和教师逐渐借助技术工具为学生提供量身定制的学习内容和学习方式,促使他们在个性化的学习环境中获得更好的学习效果。

值得注意的是,个性化理念的发展离不开教育改革和社会进步的推动。教育改革的不断推动和社会对个人发展的关注,为个性化理念的践行创造了有利的条件。同时,个性化理念也在不断的实践中逐渐完善和发展,如不同学校和国家对个性化教育的具体理解和实施方法有所不同。

(三)个性化理念在现代教育中的运用

1.注重学生的个体差异,重视学生的需求和兴趣

教师不再一刀切地对待所有学生,而是根据学生的特点和能力,为其量身定制教学计划。例如,在语文课堂上,教师可以根据学生的阅读水平和兴趣,安排不同层次的阅读材料和阅读活动,以满足每个学生的学习需求。这种个性化的教学方式能够激发学生的学习兴趣,培养其自主学习的能力。

2.注重学生的学习方式和风格

每个学生都有不同的学习方式和风格,个性化理念下的教育能够考虑到这一点,并为学生提供适合其学习方式的教学资源和支持。例如,在数学课堂上,教师可以根据学生的喜好和学习特点,采取不同的教学方法,如利用游戏化教学、合作学习等,帮助学生更好地理解和掌握数学知识。通过兼顾学生的学习方式和风格,个性化理念下的教育能够提高学生的学习效果和学习动力。

3.强调学生的自主发展和个人潜能的培养

学生在个性化教育环境中能够更加自由地展示和发挥自己的特长和才能。学校和教师应该为学生提供多样化的学习机会和培养平台,鼓励学生参与各种社团、实践活动和创新竞赛。通过提供多元化的学习机会,个性化理念下的教育才能够帮助学生发掘其个人潜能,并培养学生的创新能力和解决问题的能力。

第三节 优秀传统文化与现代教育的关系

一、优秀传统文化的当代价值

优秀传统文化作为中华民族的宝贵财富,承载着丰富的智慧和价值观念。在当代社会,优秀传统文化仍然具有重要的地位和影响力。优秀传统文化以其独特的审美价值和艺术风格,为当代艺术创作提供了宝贵的借鉴。人们通过深入研究传统绘画、音乐、戏曲等艺术形式,汲取其中的精髓,将其融入现代艺术,使艺术创作更具个性和深度。

优秀传统文化在道德教育中具有不可忽视的作用。传统文化强调的道德观念和人文精神,对培养人们的道德素养和价值观具有重要意义。例如,孔子所提倡的"仁者爱人"可成为现代教育中培养学生关爱他人、团结合作的重要依据。将优秀传统文化融入教学内容和校本课程设计,对引导学生树立正确的人生观和价值观具有重要意义。

现代教育中,优秀传统文化还能为培养学生的综合素质提供有益的参考。在学习优秀传统文化的过程中,学生需要进行深入的阅读和思考,从而培养其独立思考的能力和批判性思维。同时,通过参与文化艺术活动和传统技艺的实践,学生可以增强自身的审美能力、动手能力和合作精神,提高自身的综合素质。

二、优秀传统文化在教育中的地位

(一)优秀传统文化在教育中的重要性

优秀传统文化是民族的根基和精神支柱,它代表着中华民族的价值观、道德观以及生活方式。通过教育对优秀传统文化进行传承和弘扬,可以让新一代更好地了解、认同和传承中华民族的优秀传统文化。

优秀传统文化中蕴含着深刻的智慧和思想,为人们提供了丰富的思维模式和思考方式。在教育中,教师通过引导学生深入研究并理解传统文化中的思想观念,培养学生的思辨能力和创新思维。例如,通过教授古代文人的诗词作品,让学生感受并理解其中的内涵和意境,培养他们的审美能力和文学修养。

优秀传统文化是引导学生扎根本土、热爱国家的良好载体。教育工作者有责任把培养学生的爱国主义情感融入教育。优秀传统文化中所体现的民族精神和爱国情感可以潜移默化地影响学生,让他们更加热爱自己的国家,自豪地传承和弘扬优秀传统文化。

优秀传统文化在培养学生的人文素养方面具有独特的价值。它能够让学生感受到传统文化的独特魅力,理解人类文明发展的历史脉络,并从中汲取智慧。学生通过学习和体验优秀传统文化,提升自身修养和情操,增强对文化多样性的尊重和理解。

(二)优秀传统文化在教育中的具体体现

1.培养学生的国家观念和民族自豪感

通过深入学习和体验优秀传统文化,学生能够更加深入地了解国家和民族的传统、价值观和精神特质。这种国家观念和民族自豪感的培养可以帮助学生建立积极的身份认同,增强他们对国家和民族的归属感,从而使他们更好地为国家和社会作贡献。

2.培养学生优秀的道德品质和行为规范

传统文化中蕴含着丰富的道德智慧和行为规范,这些道德准则不仅教导人们如何与他人相处,还强调对个人修养和内在品质的培养。在教育中,学生通过接触和探究优秀传统文化,能够更加深入地了解道德规范和行为准则的重要性,激发他们发展良好品格和道德修养的动力。这种道德品质的培养对学生的全面发展起到积极的推动作用。

3.提升学生的审美情操和文化素养

优秀传统文化以其博大精深的艺术表达和独特的审美价值,培养了人们对美的感知和欣赏能力。在教育中,通过引导学生学习和体验传统文化的艺术形式,如音乐、舞蹈、绘画等,可以提高学生的审美情操和审美能力,培养他们对美的理解和鉴赏能力。这种审美情操和文化素养的提升,不仅能够让学生更好地欣赏和创作艺术作品,还可以丰富他们的人生体验,提升他们的综合素质。

4.培养学生的创造能力和创新思维

优秀传统文化中蕴含着丰富的智慧,通过学习和传承优秀传统文化,学生可以接触到多种创造性思维方式和方法。在教育中,通过引导学生学习和理解优秀传统文化中的创造力和创新精神,可以激发学生的创造潜能,培养他们的创新思维和能力。这种创造能力和创新思维的培养,可以帮助学生更好地适应现代社会的需求,为社会发展作出积极贡献。

(三)优秀传统文化在教育中的实际应用

随着社会的不断发展,传统文化在教育领域的价值也受到广泛关注。在当今的教育实践中,融入优秀传统文化成为提高教育质量、推动学生全面发展的有效途径。

优秀传统文化在教育中的实际应用潜藏着非常大的价值。优秀传统文化是一个国家或民族的精神基因,它蕴含着丰富的智慧和深刻的人文关怀,具有承载社会价值观、道德规范、审美观念等功能。在教育中应用优秀传统文化,不仅可以传承和发扬民族精神,还可以引导学生树立正确的人生观、价值观,培养其积极向上的个性特质。

在教育实践中,优秀传统文化可以通过丰富多样的形式具体体现。例如,在语文教育中,通过学习古代经典文学作品、传统诗词等,不仅可以提高学生的语言表达能力,还可以培养他们对文学艺术的鉴赏能力;在艺术教育中,通过学习传统绘画、音乐、舞蹈等艺术形式,可以增强学生的审美能力和创造力。优秀传统文化在道德教育、礼仪教育以及体育教育等方面也发挥着重要作用,可以促进学生全面发展,塑造其良好的品质和行为习惯。

将优秀传统文化应用于教育,需要注意具体教学实践的落地。在实际应用中,教师应充分发挥自身的创造性,通过个性化的教学设计和多样化的教学方法,将优秀传统文化与现代教育相结合,使之成为真正有效的教育手段。同时,学校和家庭也要加强合作,共同营造良好的教育环境,为学生提供更多接触和体验优秀传统文化的机会,从而实现优秀传统文化在教育中的真正应用。

三、优秀传统文化对现代教育的启示

(一)优秀传统文化对现代教育理念的启示

首先,优秀传统文化强调以人为本,注重培养学生的人文素养和促进学生综合发展。优秀传统文化中的价值观念和道德准则提倡尊重他人、和谐共处,培养学生良好的人际交往能力和团队合作意识。其次,优秀传统文化注重自我修养和个人品质的培养。优秀传统文化重视修身养性,注重道德修养和道德自律,帮助学生树立正确的人生观和价值观。再次,优秀传统文化注重关注学生的情感发展和内心世界。优秀传统文化强调情感的培养,注重培养学生的情感认知和情感表达能力,使学生能够察觉和表达自己的情感。最后,优秀传统文化强调继承和创新的统一。优秀传统文化在继承传统的基础上,注重与时俱进,积极推动现代教育理念的创新和发展。

在现代教育中,教育者应当积极借鉴和发挥优秀传统文化的优势,将其融入教育的各个环节,以实现更加全面、有意义的教育目标。同时,也要认识到优秀传统文化也需要与时俱进,与现代社会的需求相结合,创造出适应时代要求的新型教育理念和方法。只有这样,才能更好地发挥优秀传统文化对现代教育的积极作用,培养出优秀的人才,为社会发展作出更大贡献。

(二)优秀传统文化对现代教育方法的启示

优秀传统文化强调"德育为先",强调培养学生良好的道德品质。在现代教育中,教师应该注重培养学生的道德观念和道德情操,通过教育方法的设计,使学生能够在学习的过程中获得道德熏陶,培养其良好的品德和行为习惯。

优秀传统文化注重个性化教育,尊重学生的个体差异。在现代教育中,教师应该充分认识到每个学生的独特性,并采用多样化的教育方法满足学生的个性化发展需求。通过了解学生的兴趣爱好、特长以及弱势方面的情况,可以有针对性地制定教育方法,促进学生全面发展。

优秀传统文化注重启发性教育,强调学生的主体地位和积极参与。在现代教育中,教师应该营造积极的学习氛围,激发学生的学习兴趣和主动性。通过启发性教育,学生能够对问题进行独立思考并发现解决问题的方法,提升创新能力和批判性思维能力。

优秀传统文化注重终身教育,强调学生的全面发展和终身学习。在现代教育中,教师应该重新审视教育的目标和意义。现代教育不仅要求学生在知识层面上掌握所学内容,还要求注重培养学生的终身学习能力和综合素质。现代教育通过培养学生的学习兴趣和学习能力,使他们能够不断自我学习、自我提高,适应社会的变化和发展。

(三)优秀传统文化对现代教育内容的启示

优秀传统文化以其独特的价值观、思维方式和道德准则,为现代教育注入了丰富的内涵和智慧。优秀传统文化强调人的全面发展与人格培养,为现代教育内容提供了重要的指导。优秀传统文化重视思想道德教育,注重培养学生的道德情操和综合素质,这与现代教育倡导的素质教育的内容是一致的。在教育内容设计上,现代教育可以借鉴优秀传统文化中弘扬礼仪、尊师重道、提倡孝道等价值观念,通过提升学生品德、情感、智慧等方面的素养,促进学生的全面发展。

现代教育传承和弘扬中华优秀传统文化的重要性。传统文化是一个国家、一个民族的根基,是民族精神的重要组成部分。在现代教育中,应该注重对优秀传统文化的传承与弘扬,使学生体会到传统文化的魅力和价值。教育内容可以融入中国经典文学、传统美术、传统音乐等元素,让学生通过学习和体验,感受到传统文化的博大精深,培养其对传统文化的热爱和认同感。

现代教育要注重人与自然的和谐共生。在教育内容的设计中,可以引入生态教育和环境教育的理念,让学生了解和尊重自然,树立保护环境的意识。通过引入优秀传统文化中关于自然的诗词、典故、传说等,培养学生对自然美的感知和赏析能力,引导学生保护自然环境,实现人与自然的和谐共生。

(四)优秀传统文化对现代教育评价的启示

优秀传统文化在现代教育中的应用不仅仅涉及教育的内容和方法,还涉及对教育评价进行重新审视。优秀传统文化的评价方式与现代教育的评价体系有许多相似之处,且可以为现代教育评价提供新的启示。

1.优秀传统文化的评价注重整体性和综合性

优秀传统文化长期以来强调人的整体性和综合发展,它不仅关注学生的成绩,还注重提升学生的品德修养、思维能力和实践能力。在现代教育评价中,应该摒弃单一的考试分数评价,借鉴优秀传统文化评价的综合性思维,注重学生的多元发展和全面素质评价。

2.优秀传统文化的评价强调个别差异和个体价值

优秀传统文化强调每个人的独特性和个体价值,不同的学生具有不同的特长和优势。在现代教育评价中,应该关注学生的个体差异,采用多元化评价方式,充分发掘学生的潜力和特长,让每个学生都能得到相应的肯定和鼓励。

3.优秀传统文化的评价注重过程和方法

优秀传统文化强调修身齐家治国平天下的过程,强调修养和实践,并注重良好道德品质和行为习惯的养成。在现代教育评价中,应该注重学生的学习过程和方法,鼓励学生通过积极的实践和体验来提升自己的学习能力和品德修养。评价注重的不仅是结果,还包括过程中的成长和变化。

4.优秀传统文化的评价强调社会责任和贡献

优秀传统文化强调人们应该具有社会责任感和奉献精神,关心他人、服务社会。在现代教育评价中,应该关注学生对社会的贡献和影响,评价他们是否具备承担社会责任的意识和能力。对学生的评价不仅仅是对其个人价值的评价,还应该注重其对社会价值的评价。

四、优秀传统文化在现代教育中的应用

(一)优秀传统文化在现代教育中的应用方式

1.将优秀传统文化融入教学内容

例如,在语文课程中,可以引用经典文学作品中的典故和诗词,让学生更深入地了解和体验优秀传统文化的内涵,在历史课程中,通过解读历史事件和人物的背景,使学生对

优秀传统文化有更为深刻的认识。

2.借鉴优秀传统文化中的教育方式和理念

优秀传统文化注重礼仪、孝道、仁爱等价值观的培养,这些价值观对于学生的品德养成和社会适应能力的培养具有重要意义。在课堂教学中,教师可以通过引导学生对经典文本进行阅读和探讨,培养学生的道德情操和责任感,增强学生的价值观和社会责任感。

3.与现代技术手段相结合,开展有益的教学活动

例如,通过利用多媒体技术,将优秀传统文化的经典形象和名篇名文呈现给学生,增进学生对优秀传统文化的兴趣和理解;利用互联网资源,开设网上文化课程,让学生随时随地参与优秀传统文化的学习,促进学生的跨文化交流,拓宽全球视野。

4.应用于学校的作息安排和校园文化建设方面

学校可以开设优秀传统文化课程或活动,鼓励学生主动参与,增强学生对传统文化的认知和理解。在校园文化建设中,可以融入优秀传统文化元素,打造具有浓厚传统文化氛围的校园环境,激发学生的文化自豪感和身份认同。

(二)优秀传统文化在现代教育中的应用效果

通过对中华优秀传统文化的学习和传承,学生能够形成正确的价值观和道德观。传统文化注重人伦关系、家庭观念和社会责任感的培养,这些都是在现代社会学习、工作和生活所必需的素质。例如,孝道是中国传统文化的重要组成部分,而现代教育的一个重要目标就是培养学生的家国情怀和社会责任感。通过学习和理解孝道,学生能够树立正确的价值观,并将其转化成尊敬长辈、关心社会的具体行为。

优秀传统文化的应用能够提高学生的审美能力和创造力。传统文化以其丰富多样的艺术形式和独特的审美观念,提升了学生的艺术修养和审美能力。比如,中国传统绘画强调"意境",注重画面所表达的情感和意义,这对培养学生的观察力、想象力和创造力都具有重要意义。在现代教育中,将传统绘画、音乐、戏曲等艺术形式融入教学,能够激发学生的艺术天赋,提升他们的创造力和审美水平。

优秀传统文化的应用有助于跨学科教育的实施。优秀传统文化是一个庞大的体系,包含了许多领域的知识和智慧。在现代教育中,教师通过教授传统文化的相关内容,将不同学科间的知识相互融合,帮助学生建立全面而系统的知识结构。比如,通过讲解中国古代的科学和技术成就,培养学生对科学的兴趣和好奇心,有助于学生理解和应用相关的理论知识。

优秀传统文化在现代教育中的应用效果是多维度的。它不仅能够培养学生的价值

观和道德观,提高其审美能力和创造力,还有助于跨学科教育的实施。因此,在现代教育中应当充分运用优秀传统文化,将其融入教育体系,以提升学生的综合素质和能力。

(三)优秀传统文化在现代教育中的应用前景

优秀传统文化的应用有助于塑造学生的整体素质。通过学习和传承优秀传统文化,学生能够形成良好的道德品质、深厚的文化底蕴以及强健的身心素质。例如,通过学习中国古代经典文学作品,学生能够领悟到其中蕴含的价值观和道德准则,形成高尚的品德和修养。

优秀传统文化的应用有助于培养学生的创新思维和实践能力。优秀传统文化中蕴含着丰富的智慧和深邃的思想,通过深入学习和理解,学生可以从中获得灵感和启迪,激发出创新的思维方式和创造力。例如,在学习中国古代科技发明和文化艺术方面,学生可以借鉴其中的设计理念和创作方法,进行自主的创新实践,提升自己的综合能力和创造力。

优秀传统文化的应用还有助于增强学生的文化认同和国家意识。优秀传统文化是一个国家历史和文化的重要组成部分,学生通过学习和传承优秀传统文化,培养对国家的热爱和责任感。在经济全球化的社会背景下,优秀传统文化的应用可以帮助学生建立自己独特的文化自信,增强国家凝聚力和文化自觉。

教育机构和教育者应当积极推广和应用优秀传统文化,为学生提供更加丰富多样的学习资源和发展机会,助力他们成长为有担当、有责任感、有创造力的新时代人才。

第三章　优秀传统文化的现代教育价值

第一节　优秀传统文化的德育价值

一、德育的目标与内容

(一)德育的目标

德育的目标是培养学生良好的道德品质和健全的人格,使其成为社会主义建设者和接班人。在现代社会,德育的目标不仅仅局限于传统道德观念的培养,更加强调培养学生的社会责任感和创新能力。

德育的目标包括以下几个方面。

1.培养学生的道德情感

培养学生的道德情感包括培养学生对正义、公平、诚信等道德价值观的认识和感知,以及培养学生的道德情感涵养和表达能力。

2.培养学生的道德判断和决策能力

学生需要通过对具体案例的分析和思考,形成正确的道德判断,并在实际生活中做出正确的决策。

3.培养学生的社会责任感

学生应当意识到自己是社会的一员,要积极参与社会事务,承担起自己的社会责任。

4.培养学生的创新能力

创新是社会经济发展必不可少的主要驱动力,德育也需要培养学生的创新思维和创新能力。

(二)德育的基本内容

1.培养学生的自律性

通过引导和训练,学生能够自主地树立正确的价值观和道德观念,并自觉遵守规则和纪律。学校通过制定明确的行为规范，为学生提供参照和遵循的准则。同时，教师应当注重培养学生的自我管理能力，让他们能够自觉约束自己的行为，形成良好的行为习惯。

2.培养学生的责任心和奉献精神

学生应当意识到自己是社会中的一员，要为社会的发展和进步尽自己的一份力量。学校应当通过开展社会实践和志愿者活动等形式，为学生提供展示自己能力和贡献社会的机会。教师也应当引导学生正确看待社会问题，关注他人的需求，激发他们的奉献精神。

3.培养学生的公平正义观念

学生应当学会尊重他人，关心弱势群体的权益，反对不公正和歧视。学校应当教育学生平等对待他人，鼓励他们参与公益活动，推动社会的公平与正义。教师也应当在日常教育中注重培养学生的公平意识，引导他们正确看待社会问题，树立正确的价值观。

4.培养学生的创新能力和批判性思维

学校应当倡导学生积极探索和独立思考，鼓励学生提出自己的见解和观点。教师应当通过启发式的教学方法，培养学生的创新思维和批判性思维，使他们能够独立思考问题，分析事物的多面性，并为解决问题提供创新的方案和策略。

(三)德育的实施策略

1.示范引领

教师作为学生的榜样，应该具备高尚的道德品质，起到良好的行为模范作用，通过自身的言传身教，潜移默化地影响学生，培养他们的道德情感和品德修养。例如，教师可以引导学生领悟优秀传统文化的精髓，推崇中华民族的传统美德，以身作则地践行诚信、文明和友善等社会主义核心价值观。这样的示范引领可以为学生树立正确的道德导向，培养他们的崇德向善之心。

2.知情教育

通过向学生传授丰富的道德知识和伦理原则，可以加深学生对德育目标和价值的理解和认同。教育者可以通过课堂教学、德育活动等多种形式，让学生了解优秀传统文化所蕴含的道德智慧和传统美德。例如，讲解古代名人的风德典故，引导学生深入探究其中蕴含的道德观念和行为准则。通过这种知情教育，学生可以加深对道德的认知，培养自身的道德情感和行为准则。

3.社会实践

通过参与社会实践活动,学生可以亲身体验社会环境,接触社会问题,进一步增强实践能力和社会责任感。例如,可以组织学生参与社区志愿者体验活动,使其了解志愿者为社会做出的贡献,借此激发学生对社会公益行为的关注和参与。通过实践活动,学生可以将道德规范与实际情境相结合,学会正确分辨和应对社会伦理问题,提升思考和判断能力。

二、优秀传统文化在德育中的价值与实践

(一)优秀传统文化在德育中的价值

优秀传统文化作为民族的精神财富,具有承前启后的作用,可以为人们提供积淀和传承的根基。在德育教育中,学习和传承优秀传统文化,可以传递并培养学生对传统价值的认同感和自豪感,使其树立正确的道德观念和价值观,进而形成正确的行为准则。

优秀传统文化在德育中的价值体现在对学生的塑造和学生的道德成长上。优秀传统文化弘扬的是一种积极向上、崇高美好的精神,它蕴含着丰富的道德伦理规范与智慧,能够为学生提供精神食粮。通过学习和体验优秀传统文化的内涵,学生能够感知其中的高尚品质和道德价值,进而对美德进行感悟和认同。这种塑造和培养的过程既是认知的过程,又是情感与意志的培养过程,能够促进学生在道德素养方面的全面发展。

优秀传统文化具有引领社会道德的重要作用,其价值观和道德准则深深根植于社会的各个方面。弘扬和传承优秀传统文化,可以引导社会中的个体和群体树立正确的价值观和道德观念,倡导人们遵守公德、私德、家德。这种引领作用有助于构建和谐稳定的社会秩序,推动社会的进步和发展。

(二)优秀传统文化在德育中的实践

在德育实践中,优秀传统文化不仅传承了中华民族的智慧和精神,还承载着丰富的道德观念和价值观。引入优秀传统文化元素,可以更加有针对性地进行德育,促使学生在品德修养上得到全面提升。

优秀传统文化在德育中可以通过具体而生动的故事和事例来激发学生的情感共鸣。通过讲述古代圣贤的行为模范和生动有趣的传说,帮助学生理解道德的内涵和价值。例如,可以引述《论语》中孔子的言行,让学生了解伟大的思想家和教育家孔子的崇高品质和深厚学养;通过讲述孝顺的故事,加深学生对孝道的认识和理解。

传统节日和习俗也是德育实践的重要载体。传统节日如春节、清明节等,都蕴含着丰富的人文和道德内涵。学校可以通过组织学生参与传统节日的庆祝活动,让学生亲身感受和体验其中蕴含的传统美德,如团圆、尊敬长辈、传承文化等,同时,通过组织学生体验传统习俗,如写春联、包饺子等活动,培养学生良好的品德和行为习惯。

在实践中,学校和教育工作者通过各种形式和途径将优秀传统文化融入德育教育。可以在课堂教学中引用经典的诗文,让学生通过欣赏文化经典来感受道德的魅力;可以举办文化讲座和传统技艺体验活动,让学生深入了解优秀传统文化的内涵和价值;通过组织社会实践和志愿服务活动,让学生亲身参与,体验优秀传统文化弘扬的美德与道德规范。

三、优秀传统文化对个体道德成长的影响

(一)优秀传统文化对个体道德观念的塑造

优秀传统文化通过传承和弘扬民族的传统价值观念,塑造了个体正确的道德观念。中华传统文化强调孝道、仁爱、忠诚、诚信等价值观,这些价值观对塑造个体道德观念起到巨大的引导作用。例如,孝顺父母是中华传统文化中的核心价值观之一,思想家和文化名人的各种故事让人们明白了尊重和关爱父母的重要性,使个体形成了良好的道德观念。

优秀传统文化通过历史故事、经典文学作品等形式,对个体的道德观念进行深入熏陶。中华优秀传统文化中积累了丰富的经典作品,如《孟子》《论语》等,这些经典作品反映了中国人的思想和价值观,对个体道德观念的形成具有深远的影响。通过阅读这些经典作品,个体能够从中汲取道德智慧,学会如何正确看待和处理人际关系,如何明辨是非,形成正确的道德观念。

优秀传统文化通过各种传统节日和习俗,对个体的道德观念进行直接教育。中国的传统节日和习俗都蕴含着深厚的道德内涵,如春节、清明节、中秋节等,这些节日都与家庭亲情、友情、人情等紧密相关。通过参与这些传统节日和习俗的活动,个体能够深刻体验到亲情、友情乃至社会关系的重要性,形成正确的价值观和道德观念。

(二)优秀传统文化对个体道德行为的引导

优秀传统文化强调行为的廉洁和公正,鼓励个体在日常生活中秉持正义和公平的原则。这种价值观的引导,使个体在面对诱惑和挑战时能够坚持正确的道德行为,不为私利所动,不违背公共利益。

优秀传统文化注重个体在家庭和社区的责任与义务,强调个体与社会的互动关系。

个体在传统文化的引导下,意识到自己的行为对社会稳定和发展的重要性,明白个人利益与集体利益的密切关系。这种意识使个体更加关注他人的利益,主动承担社会责任,与他人互助合作,共同促进社会和谐。

优秀传统文化强调诚信和独立自主的价值观,鼓励个体在道德行为中表现出坚定的自律和自省。优秀传统文化倡导的忠诚、守信和坚韧的品质,让个体能够独立面对外界的诱惑和压力,坚持正义和道义的行为标准。

(三)优秀传统文化对个体道德情感的培养

优秀传统文化通过传递真善美的价值观念,培养个体对道德情感的敏感性和认同感。例如,我国古代的儒家思想强调仁爱和人际关系的重要性,这种思想植根于人们的心灵深处,使个体能够对他人的痛苦或需要产生共鸣,并且主动提供帮助。

优秀传统文化通过讲述感人的故事和传承传统的艺术形式,使个体产生对美和善的情感体验。例如,通过赏析古代文学作品中描写忠诚、孝顺、友爱的情节,个体不仅能够感受到美的表现方式,还能够在情感体验中接受并理解这些道德品质的重要性。同时,传统的音乐、舞蹈等艺术形式也能够唤起个体内心深处的情感共鸣,加强对道德情感的认同和理解。

优秀传统文化通过培养个体的良好品格和自我修养,进而提升个体的道德情感。传统文化强调谦逊、宽容、正直等品德,通过这些道德要求,个体能够不断审视自身行为和情感,发现自己的不足之处并努力改正。通过对传统文化的了解和学习,个体能够产生对道德情感的敬畏和热爱,并将这种情感转化为坚持道德原则和行为的动力。

(四)优秀传统文化对个体道德品质的提升

优秀传统文化对个体的道德品质起到塑造和培养的作用。优秀传统文化中蕴含着丰富的道德准则和行为规范,如孝道、仁爱、忠诚等。这些价值观和准则通过代代相传,成为人们的精神财富。当个体接触并接受这些准则时,其道德品质也会随之提升。例如,通过对古代经典文学作品的阅读,个体能够领悟到"仁者爱人"的道德理念,进而在日常生活中展现出更多关爱他人的行为。

优秀传统文化对个体的道德品质起到引导和激励作用。优秀传统文化中体现了许多崇高的品德典范,如孟子的孝心等。这些典范成为个体追求道德完善的榜样,激励着个体不断超越自我,提升自己的道德品质。例如,通过领会文化经典中对孟子孝心的描述,个体能够被感染并受到激励,并予以实践,使自己成为一个具有高尚道德品质的人。

优秀传统文化还能够培育个体的道德情感。优秀传统文化中蕴含着丰富的情感表达和情感体验方式,如传统音乐、舞蹈、戏曲等。这些艺术形式能够唤起个体内心深处的善良情感,加强个体对道德的情感认同。通过欣赏和参与传统文化艺术,个体能够感受到博爱、正义、善良的情感价值,并将其内化为自己的道德情感,从而对提升自身的道德品质起到积极的作用。

四、优秀传统文化对社会道德的引领

(一)优秀传统文化对形成社会道德风气的作用

优秀传统文化以其深厚的历史积淀和丰富的价值理念,为社会的发展明确了道德准则和规范。在中国特有的传统文化中,儒家思想强调仁爱、孝道、忠诚等价值观,佛教强调慈悲、无私、舍己为人等道德原则,道教注重自然和谐、修身养性等。这些价值观的传承与弘扬,为社会道德风气的形成提供了坚实的基础和内在动力。

优秀传统文化通过文化载体的传播与传承,引导社会成员关注道德行为的规范和重要性。例如,传统的文学作品、戏曲、民间故事等反映了社会普遍的道德观念,并通过故事情节和人物形象的展现,使人们深入了解这些价值观的重要性。这些文化载体不仅是一种娱乐媒介,还是道德教育的重要途径,潜移默化地影响和引导社会成员的道德行为。

优秀传统文化对社会道德风气的形成起到了重要作用。传统文化中的节日庆典、礼仪习俗等,都是社会成员传承和弘扬传统道德价值观的重要方式。例如,在春节期间,人们举行祭祖、贴春联、包饺子等活动,不仅是对传统文化的尊重,还体现了对家庭、家族的重视,以及对亲情、友情、邻里关系等的强调。对节日庆典、礼仪习俗等的延续和实践,有助于形成良好的社会道德风气。

(二)优秀传统文化对建构社会道德规范的作用

优秀传统文化通过强调道德行为的重要性,为社会道德规范的建构奠定了基础。传统文化中强调的道德规范和品德修养,通过代代相传的方式传递给后人。这些道德观念和行为准则对个体的行为起到举足轻重的作用,并且成为社会共识和准则。例如,孝道在中华传统文化中被视为核心价值观之一,强调尊敬和关爱父母长辈,这种观念的深入人心和不断传承,促进了尊老爱幼、尊重他人的社会道德规范的建构。

优秀传统文化注重自我约束和道德自律,对社会道德规范的建构起到积极促进作用。在传统文化中,儒家思想强调的"仁爱"和"礼制"等理念倡导人们从内心深处树立高尚的道德品质,自觉约束自己的行为。这种自我约束和道德自律为社会道德规范的建构和遵循提供了重要支撑。人们在遵守社会规则的同时,还要塑造良好的道德形象,提升社会道德素质。

优秀传统文化在社会道德规范的建构中,通过故事、典故等形式传递道德价值观,引导人们遵循正确的道德准则。传统文化中的许多经典故事蕴含着深刻的道德寓意,这些故事常常被用来告诫人们应当如何对待他人、如何对待自己等。通过这些故事的传播,社会规范和行为准则得以更好地传递和贯彻。

(三)优秀传统文化对营造社会道德氛围的作用

优秀传统文化以其深厚的历史底蕴和文化积淀,为社会道德树立了正面的榜样和引领。例如,儒家思想的"仁爱"是儒家文化的重要特色,是中华民族最核心的价值理念。这种精神的传承不仅影响了个体的道德观念,还在社会中形成了积极向上的道德氛围。

优秀传统文化通过文艺作品等形式将道德观念融入社会。例如,一些经典的文学作品中展现了有关人与人之间的感情纽带、家庭伦理等价值观,这些作品不仅展示了传统文化的魅力,还在潜移默化中塑造了社会的道德观念。因此,社会道德氛围的营造还需要借助文化的力量,人们通过欣赏优秀传统文化进而提升道德素养。

优秀传统文化对社会道德氛围的营造还需要通过教育和传播渠道的建设。在学校教育中,通过课程设置和活动组织等形式,引导学生深入了解优秀传统文化中的道德观念,培养学生的道德情操。同时,加强传播渠道的建设,让更多的人了解和接触到优秀传统文化,从而在社会中形成崇尚道德、遵循行为规范的共识。

第二节　优秀传统文化的美育价值

一、美育的意义

(一)人文素养的提升

美育可以提升个体的人文修养与素质。美育在培养人文素养方面发挥了重要的作用。美育能够为学生提供接触和欣赏艺术作品的机会,从而拓宽他们的审美视野。通过欣赏绘画、音乐、舞蹈等艺术形式,学生能够领略到不同艺术风格、表现手法和情感传递方式的魅力,进而培养自己对美的感知能力和欣赏能力。这种审美情趣的培养,不仅使学生对美的感受更为敏锐,还能够提升他们的审美品位。

在美育过程中,学生通过参与创作和表演等活动,锻炼自己的表达能力和创造力。在绘画、音乐、舞蹈等艺术实践中,学生需要通过创作和表演来表达自己的内心情感和思想,这不仅能够激发学生的创造力,还能够培养他们的艺术表达能力,从而提升学生的人文素养。

美育能够通过借鉴优秀传统文化中的艺术精华,提升学生的人文素养。优秀传统文化是一个民族的宝贵财富,蕴含着深厚的思想、道德和艺术内涵。通过学习和了解优秀传统文化,学生能够丰富自己的文化知识,并从中汲取智慧和力量。同时,借鉴优秀传统文化中的艺术元素和审美标准,学生能够加强文化底蕴和提升审美眼光。这种文化的积淀,能够使学生在面对复杂的社会现实时,更加从容自信地应对挑战。

(二)道德品质的塑造

在美育中,对艺术作品的欣赏和创作能够唤起学生对美好的向往和追求。这种对美好的追求正是道德品质的基石。当学生接触到各种形式的艺术作品时,他们不仅仅是欣赏其中的美,还在内心深处萌发对善良、正义、助人为乐等美德的向往。通过艺术作品的感染和启迪,学生能够更加明确自己的道德准则,形成正确的价值观。

艺术教育能够培养学生的情感共鸣和同理心。艺术作品往往通过情感表达触动人心,而学生在欣赏和模仿中会与作品形成情感共鸣,进而感受到他人的情感和想法,增强自己的同理心。当学生能够真正理解他人的感受和处境时,他们会更加关心他人、尊重他人,从而形成积极向上的品质。

艺术教育能够培养学生的自我反思能力。在艺术教育的过程中,学生不仅要欣赏他人的作品,还要对自己的作品进行反思和审视。这种反思和审视不仅仅是对艺术形式的评判,更是对自身情感、行为和道德选择的审视。通过反思,学生能够更加深入地了解自己,发现自己的不足,并努力弥补和改进。这种自我反思能力的培养对学生形成良好的道德品质具有重要的作用。

(三)审美能力的培养

审美能力是指个体对美的感知、理解和欣赏的能力,它在个体的审美经验、审美情感以及审美判断中起着至关重要的作用。通过艺术教育和传统文化的培养,可以提升学生的审美能力,使他们能够更好地欣赏和理解美的价值。

审美能力的培养可以使学生更加敏锐地感知美。通过学习和欣赏经典艺术作品,学生可以培养自身对美的敏感度,从而更加容易察觉并欣赏日常生活中的美。他们将学会用更加细腻的眼光观察世界,发现身边琐碎事物中的美好。

审美能力的培养有助于提升学生的审美理解能力。通过深入研究艺术作品的背景、艺术家的意图以及艺术形式和技巧的运用,学生能够更好地理解艺术作品的内涵和表达方式。学生通过对艺术作品的解读和分析,发掘出艺术家希望传递的思想和情感,从而获得更深入的审美体验。

审美能力的培养也可以提高学生的审美判断能力。艺术作品的质量和价值往往需要经过个体的评价和判断,而这需要个体具备一定的审美能力。通过学习和比较不同类型、风格的艺术作品,学生能够培养自己的审美标准和品位,从而有能力分辨出优秀的艺术作品和一般的作品。

二、美育的目标

(一)提升美学素养

美学素养涉及审美情感、审美思维和审美判断等方面。提升美学素养可以培养学生对美的敏感性和欣赏力,使其能够更加深入地理解和感受美的内涵和价值。

为了实现提升美学素养的目标,教师通过开展艺术欣赏活动,让学生有机会接触到不同形式的艺术作品,如绘画、音乐、舞蹈等。通过欣赏艺术作品,可以培养学生对美的直观感受和感知能力,进而提升其美学素养。

为了实现提升美学素养的目标,教师应注重培养学生的审美思维能力。审美思维是指通过观察和分析现象,从中发现和理解美的规律和原理。通过培养学生的观察力、分析力和思考能力,引导他们主动思考和探究艺术作品背后的美的内涵和表达方式,从而提升美学素养。

为了实现提升美学素养的目标,教师通过开展艺术创作活动,让学生亲身参与艺术创作。通过实际操作,学生可以体验到艺术创作的乐趣和挑战,培养对美的创造力和表达能力,从而提升美学素养。

(二)塑造和谐个性

个性的形成和发展在美育过程中起着至关重要的作用。和谐个性是指一个人在思想、情感、行为方面的统一和协调,体现出内外和谐、和睦共处的品质。

美育通过提供优秀的艺术作品、文学作品以及传统文化的浸润,提升学生的情感修养,使其情感表达更加细腻、丰富。在美学素养的培养中,学生通过欣赏、体验和创作艺术作品,能够更好地表达自己的情感,使情感得到宣泄和满足,从而培养和谐的个性。

美育注重培养学生的社交能力和交往技巧,使其具备良好的沟通、协作和互动能力。在审美活动中,学生通过欣赏、评论和讨论艺术作品,同他人进行交流与合作,培养合作意识、团队精神,进一步促进个性和谐。

美育注重培养学生的情绪管理能力和良好的心理素质。学生能够通过欣赏和创作艺术作品,借助艺术的表达方式来宣泄自己的情感,调整自己的情绪,达到情感释放和心理疏导的效果。这种情感的调节和管理有助于培养学生的和谐个性。

美育还注重培养学生的品德修养。美育通过传统文化的引导,让学生从经典作品中领悟情操和道德,以及人与人之间的亲情、友情和爱情等社会价值观。学生通过欣赏和反思艺术作品,从中汲取人性的美好,塑造尊重他人、关爱他人等品德,进一步促进个性的和谐。

（三）培育创新思维

创新思维是一种独特的思考方式和解决问题的能力，它要求学生具备开放的心态、敢于突破传统思维的勇气以及对新事物的敏感。在美育中，培育创新思维是一个重要的目标，旨在引导学生在审美过程中培养创新意识和能力。

美育通过提供多元化的艺术体验，提高学生的感知和表达能力，为他们提供展示创新思维的机会。例如，在音乐课上，学生通过自己创作音乐作品来表达个人的想法和情感；学生可以通过绘画和雕塑等艺术形式，尝试用不同的材料和技巧创造出独特的艺术作品。这些艺术体验不仅能够激发学生的创造力，还能够培养他们的观察力和分析问题的能力。

美育注重培养学生的团队合作和沟通能力，这对创新思维的培养具有重要意义。在艺术课程中，学生通常会参与到小组合作的项目中，他们需要共同商讨、协作完成一项艺术作品。这种集体创作的过程不仅能够锻炼学生的团队合作能力，还能够促进他们之间的交流并产生思维碰撞，从而引发更多的创新点子。

美育在培育创新思维的过程中还应尊重学生的个性和促使学生独立思考。每个学生都有自己独特的创造力和思维方式，美育应提供多样化的教学方法和材料，以满足学生不同的学习需求。例如，学生可以根据自身兴趣和特长选择学习绘画、音乐、舞蹈等不同艺术形式，这有利于激发学生的独立思考和创新能力。

三、美育的原则

（一）人性化原则

人性化原则意味着将美育的教学过程和内容与学生的兴趣、需求以及个性特点相结合，使之更加贴近学生的生活和成长需求。

1. 注重学生的感知与体验

教师通过创造活动和情境，让学生能够直接感受美的存在和美的力量。学生通过观赏艺术作品、参观博物馆、参与音乐演奏等方式，亲身体验美的魅力，激发自身的审美兴趣和情感。

2. 充分尊重学生的选择权和自主性

每个学生都是独特的个体，他们对美的理解和喜好也是不同的。在美育教学中，教师应该尊重学生的选择，给予他们自主权，让他们在一定的范围内自由地表达和发挥自己的审美能力。教师通过提供多样化的艺术素材和活动，让学生根据自己的兴趣选择适合自己的艺术形式和表达方式。

3.强调教学过程的温情与亲近

教师通过与学生的良好互动和情感交流,建立起良好的师生关系。在美育教学中,教师可以借助情感故事、个人经历等方式,引发学生的情感共振,使之更加深入理解和感受美的内涵。

4.关注学生的全面发展

美育不仅仅是对审美能力的培养,还应该关注学生的思维、情感、创造力等方面的发展。教师应该在美育教学中注重培养学生的综合素质,鼓励他们提高自己的创造性思维能力、创作能力、终身学习能力和艺术鉴赏能力。

(二)社会化原则

社会化原则强调个体与社会之间的相互关系和互动。美育通过社会化的方式,培养学生与他人、与社会的良好关系,帮助他们在社会环境中提高自己的艺术能力和审美素养。

在美育实践中,社会化原则要求教师在设计美育活动时,鼓励学生参与艺术团体活动、社区文化活动和艺术展览等社会化的艺术实践。通过与他人的互动交流,学生能够更好地欣赏和理解不同的艺术形式和观点,拓宽自己的艺术视野。

在美育实践中,社会化原则要求教师创造艺术合作的机会,培养学生与他人进行团队合作的能力。团队合作不仅可以培养学生的合作意识和团队精神,还能够促进他们的艺术创造力和表达能力的发展。通过团队合作,学生可以相互启发,借鉴彼此的想法和技巧,培养创新思维和艺术创作能力。

在美育实践中,社会化原则强调学生通过参与社会实践,将艺术与社会问题相结合。例如,学生通过艺术创作表达对社会问题的关注和思考,通过艺术作品传递自己的观点和情感。这种社会化的艺术实践既能够提升学生的艺术创作能力和审美素养,又能够培养他们的社会责任感和关爱他人的意识。

(三)生活化原则

生活化原则强调将美育与学生的生活相结合,使之贴近生活、贴近实际。通过生活化的教育方式,激发学生对美的浓厚兴趣,增加他们对美的感知和体验。

在美育实践中,生活化原则要求教学内容应该以学生熟悉的生活场景为基础,与他们的真实生活经验相联系。例如,在绘画教学中,可以引导学生观察周围环境,如家乡的风景、街道上的建筑等,激发他们对美的感悟和表达的兴趣。

在美育实践中,生活化原则要求教学方法要注重启发学生思考和提升学生的创造力。通过引导学生主动参与、发现美的元素,并提供创造性的表达方式,促使学生在实际生活中能够运用所学的美育知识与技能。例如,在音乐课上,教师鼓励学生以日常生活中的声音为素材进行创作,如城市的喧嚣声、自然的鸟鸣声等,使学生在感知美的同时提升自己的创造力和表达能力。

在美育实践中,生活化原则要求培养学生的美育习惯和价值观。通过生活化的教育方式,引导学生形成良好的审美意识和品位,培养他们的审美素养。例如,在文学教学中,鼓励学生多阅读经典作品,感受其中蕴含的人文情感和审美价值,形成喜爱阅读优秀作品的习惯。

(四)差异化原则

在美育实践中,差异化原则强调个体间的差异和个性化的培养。美育的目标是通过培养学生的审美能力和美感,使其能够欣赏、理解和创造美。然而,每个学生在审美能力和兴趣方面都存在着不同程度的差异。

差异化原则的核心思想是根据学生的个体需求和兴趣,制定不同的教学策略和方法。这一原则的实施可以通过以下几个方面来体现。

差异化原则要求教师了解每个学生的兴趣和特长,因为兴趣是激发学生学习的最好动力之一。根据学生的兴趣,教师可以为他们提供个性化的学习内容和活动,从而激发他们的学习热情。例如,对于对音乐感兴趣的学生,可以举办音乐比赛或是组建合唱团,让他们有机会展示自己的才艺或参与集体表演。

差异化原则要求教师根据学生的不同差异,采用适合他们的教学策略和方法。有些学生更倾向于视觉表达,而有些学生更擅长动手实践。教师可以引导学生参加绘画、雕塑、摄影等活动,满足学生对不同艺术形式的需求。教师也可以为学生提供不同的学习资源和工具,以便他们能够自主学习并提高自己的创造能力。

差异化原则要求教师关注学生的学习进展,并及时给予指导和反馈。在美育教学中,教师通过示范、引导和评估等方式,促进学生审美能力的提升。对于学习进步较慢的学生,教师可以提供额外的支持和辅导,帮助他们克服困难并取得进步。

四、优秀传统文化在美育中的价值

(一)传统美学的传承

传统美学的传承可以帮助学生培养审美情趣和审美能力。千百年来,中国人民积累了丰富的审美经验和美学观念,这些都反映在优秀传统文化中。通过对传统美学的学习和理解,学生可以逐渐培养出对美的敏感和独特的审美眼光。

传统美学的传承能够激发学生对传统文化的认同感和自豪感。中华民族的优秀传统文化是民族精神的重要源泉，传统美学作为其中的一部分，代表了中华民族的审美追求和审美特点。通过学习和传承传统美学，学生能够更加坚定自己的文化身份，并对自己民族的传统文化感到自豪。

传统美学的传承可以启发学生的创造力和创新意识。传统美学中蕴含着丰富的艺术表达方式和审美原则，这些不仅可以为学生提供灵感和启迪，还可以为当代艺术和设计注入新的元素和思维方式。将传统美学与现代审美观念相结合，可以激发出学生更多的创造力和创新的想法。

(二)文化自信的培养

文化自信是指一个国家或一个民族对自己独特的文化传统和价值观的肯定，以及对自身的文化自信。在美育中，培养文化自信具有重要的意义和作用。

1.增强学生的认同感和自尊心

一个人对自己所属的国家或民族的文化传统和价值观有着清晰而准确的认知和理解，会更加自信地面对生活中的各种挑战和困难。通过学习和体验优秀传统文化，学生可以感受到自己国家或民族的文化根基和历史积淀，从而建立起对自己所属文化身份的自豪感和认同感。

2.提升美育的效果和价值

在美育活动中，文化自信可以激发学生的情感共鸣和审美情趣。通过深入了解和研究传统美学，学生能够获得更加深刻的艺术理解和体验。这种对传统美学的传承和发扬，不仅可以提升学生的审美素养和对美的感知力，还可以为美育教育注入更多的文化内涵和价值观。

3.增强社会的凝聚力和文化认同

文化自信是一个国家和民族对自身拥有的生存方式与价值体系的充分肯定。通过让个体感受到优秀传统文化的魅力和价值，可以增强社会成员对社会文化的认同感和归属感。这种共同的文化认同和价值观可以促进社会成员之间的交流和互动，增强社会的凝聚力和稳定性。

在美育实践中，培养文化自信需要社会各界的共同努力。学校教育通过课程设置和教育活动，引导学生深入了解和感受优秀传统文化的魅力和价值；家庭教育通过传承和弘扬优秀传统文化，培养下一代对自身文化身份的自豪感和认同感；社会文化机构可以组织丰富多样的文化活动，让更多的人参与其中，共同感受文化自信带来的力量。

（三）高雅艺术品位的提升

高雅艺术品位是指对艺术作品的鉴赏能力和审美水准，是一个人对美的理解和欣赏的能力。通过引入优秀传统文化，可以有效提升学生的高雅艺术品位。

1. 注重对经典艺术作品的学习和理解

经典艺术作品是人类文化宝库中的瑰宝，它们是前辈智慧的结晶，具有丰富的内涵和深远的意义。学生应该积极参观美术馆、博物馆等，实地感受经典作品的魅力。在学习过程中，学生要注重对作品细节的解读和情感体验，培养敏锐的感知能力和深入思考的习惯。通过深入研究和欣赏经典艺术作品，学生的高雅艺术品位将得到提升。

2. 注重对不同艺术形式的包容与接纳

现代社会的艺术形式多种多样，包括绘画、音乐、舞蹈、戏剧等。学校应该引导学生接触并尝试更多的艺术形式，让他们感受不同文化背景下的艺术表达方式。通过对多元艺术形式的包容接纳，学生的审美范围将得到拓展，提高对不同艺术形式的辨识和欣赏能力。

3. 注重对艺术细节的敏感和把握

高雅艺术作品往往蕴含着细致入微的艺术手法和情感表达，而这些细节往往需要观察者具备敏锐的观察力和较强的理解力。学生应该学会通过细致入微的观察，捕捉作品中的细节之美，进而对作品有更深层次的理解。通过培养对艺术细节的敏感，学生的高雅艺术品位将得到提升。

4. 注重培养学生的独立审美能力

高雅艺术品位不是对他人评价的简单接受和模仿，而是能够独立思考和独立欣赏。学校应该引导学生形成自己独特的审美风格，让他们对艺术作品有独立的判断、评价和欣赏。通过培养学生的独立审美能力，让他们更好地理解并欣赏高雅艺术作品，提升自己的高雅艺术品位。

五、优秀传统文化在审美能力提升中的作用

（一）提升审美水准

在现代社会，艺术与美学无处不在，对个人的审美水准也提出了更高的要求。优秀传统文化能够提升学生的审美水准。

通过深入研究和学习传统文化,学生可以接触到丰富多样的艺术形式和风格。这些艺术形式不仅包括绘画、音乐、舞蹈等艺术门类,还包括民间工艺品和建筑等。通过欣赏和理解这些艺术形式,学生可以更好地培养自己的审美意识,增强对不同艺术形式的欣赏能力。

在学习传统文化的过程中,学生可以了解到不同历史时期和不同地域的审美观念和标准。学生通过比较、分析和评判,提炼出一套自己的审美标准,从而提升自己的审美水准。同时,优秀传统文化中的经典作品和艺术创作,也为学生提供了审美的范本。通过研究和欣赏这些经典作品,学生可以学习到大师们的审美思想和创作技巧,借鉴他们的艺术追求和表达方式。

学习传统文化可以让学生的艺术鉴赏眼界更加开阔,能够更好地欣赏和鉴赏不同风格和流派的艺术作品。通过接触不同的艺术形式和风格,学生可以拓宽自己的审美视野,提高对艺术作品的理解和欣赏能力。

(二)塑造良好审美态度

良好的审美态度能够使学生具备更高的对美的事物的欣赏和评价能力,同时能够培养学生对美的追求和热爱。优秀传统文化在塑造良好审美态度方面发挥着重要的作用。

优秀传统文化能够传承和弘扬积极向上的审美观念。我国悠久的历史和丰富的文化资源中蕴含着许多高尚的审美理念和价值观,如“美善功德”“修身齐家治国平天下”等。这些价值观强调了美与善的关系,倡导了美的追求与人格修养相统一。通过学习和理解这些优秀传统文化中的审美观念,学生能够形成积极向上、崇尚美好事物的审美观。

优秀传统文化注重道德情操的培养,这对塑造良好的审美态度有着重要的影响。优秀传统文化中强调的诚信、孝道、仁爱等美德,不仅是人们行为方式的规范,还是审美态度的基石。只有培养高尚的道德情操,学生才能真正理解与欣赏那些秉持着高尚道德的艺术作品和美的事物。优秀传统文化中的人文关怀和道德精神对学生的审美态度起到积极的引导作用。

优秀传统文化中的艺术形式和审美经验也是塑造良好审美态度的重要因素。中华优秀传统文化中丰富多样的传统艺术形式,如书画、音乐、舞蹈、戏曲等,承载着丰富的美学内涵和审美经验。通过学习和体验这些艺术形式,学生不仅能够培养对美的感知和欣赏能力,还能够理解和体验到不同的审美情感和审美效果。这种审美经验的积累对学生形成良好的审美态度具有重要的影响。

(三)增强审美感受力

1. 培养审美品位

学生通过欣赏中国古代诗词、书画作品以及传统音乐舞蹈等艺术形式,感受其中蕴含的美。这些作品在表现自然景色、人物情感等方面都有独特的表现手法,能够让学生感受到深厚的情感和美的意境。通过学习和领悟这些作品,学生可以逐渐培养对美的独特理解和品位,提高自己的审美水平。

2.启迪想象力和创造力

在优秀传统文化中,可以看到许多独特的艺术形式和创意,这些形式和创意都是历史和文化积淀的结晶。学生通过研究和学习这些形式和创意,可以拓展自己的思维方式和审美观点,培养出独特的审美思维和创造力。例如,中国的传统建筑设计中蕴含着丰富的象征意义和艺术价值,这些设计理念启发学生在现代设计中加入传统元素,创造出更具有个性和文化特色的作品。

3.培养对美的敏感和感知能力

在优秀传统文化中,可以找到许多细腻而深刻的表达方式和意境,这些表达方式和意境需要学生细心观察和感受。通过研究传统文化中的细节和内涵,学生的观察力和感知能力得以提升,学生学会从细微之处发现美的存在。例如,中国传统的丝绸绣花技艺包含了丰富的色彩和纹样,学生需要仔细观察、品味,才能欣赏到其中的美。学习和欣赏这些传统工艺品,有助于学生形成细致入微的审美感知力。

第三节　优秀传统文化的智育价值

一、智育的意义

(一)知识的积累与能力的提升

知识的积累可以扩大学生的知识储备,使学生对世界和事物有更加深入的了解。例如,在学习历史知识的过程中,学生通过了解相关事件和人物,进而反思和总结,为未来的自身发展提供有益的启示。

知识的积累有助于提升学生相关的能力。通过学习和掌握一门学科,学生可以培养相关的技能和能力。例如,在学习数学的过程中,通过解决各种数学问题,学生可以训练自己的思维能力,提高自己的逻辑推理和分析能力。这些能力对学生的个人发展和职业成功都具有重要意义。

知识的积累可以培养学生的综合素质。通过学习不同学科的知识,学生可以培养自己的综合能力,如批判性思维、创造性思维、沟通能力和团队合作能力等。这些能力在学生的日常生活和工作中都起到重要的作用。例如,在解决问题的过程中,学生需要运用批判性思维来分析问题的本质和解决途径;而在团队合作中,学生需要有良好的沟通和协作能力,以实现共同的目标。

(二)独立思考与问题解决

独立思考可以使学生更好地理解问题,发现问题背后的深层原因。当遇到问题时,学生通过独立思考、分析问题的各个方面,从而全面地了解问题的本质。通过这种方式,学生可以避免在思考问题的本质和背景时仅仅停留在表面现象的发生。

独立思考能够帮助学生进行有效的问题解决。在现实生活中,问题无处不在,解决问题需要的不只是简单的套路,还要能够综合运用各种知识和技能来找到最佳解决方案。通过培养学生的独立思考能力,能够使他们更好地分析问题的不同方面,并找到符合实际情况的解决途径。

独立思考能力与创新能力密不可分。创新需要学生能够独立思考并提出新颖的观点和想法。通过独立思考,学生可以不断挖掘内在的潜力,并且形成自己的创新思维方式。在这个过程中,学生将不断地追求新的解决方案和方法,为社会的发展作出贡献。

(三)人格的形成与价值观的塑造

通过智育,学生的人格特质将不断得以完善和发展,其价值观将逐渐形成和树立。智育的意义不仅在于知识的积累与能力的提升,以及独立思考与问题解决,还要关注学生内心的成长和价值观的塑造。

智育旨在促进学生的全面发展,包括智力、情感、意志等方面的发展。通过智育,学生可以接触到丰富的知识,拓宽视野,培养创新思维和批判性思维,进而形成丰富的思想和独特的个性。智育过程中,教师应注重引导学生积极参与各种学习活动,激发学生的学习兴趣和主动性,培养他们的自信和独立性,促使他们逐渐形成健康、积极、开放的人格。

智育要注重价值观的塑造。价值观是个体对事物的评价和行为的导向。通过智育,可以引导学生树立正确的价值观,培养其良好的道德品质和社会责任感。教师应引导学生思考人生的意义和价值,引导他们理解并尊重他人的观点和权益,培养他们关心他人、关爱社会的品质。通过智育,学生将逐渐形成积极向上的价值观,为社会的和谐发展作出积极贡献。

在智育中,优秀传统文化起到了重要的支撑作用。优秀传统文化中蕴含着丰富的智慧与价值,通过对其的学习和理解,学生可以从中汲取养分,培养良好的人格特质和树立正确的价值观。优秀传统文化中的各种美德和道德准则,如仁、义、礼、智、信等,为学生提供了宝贵的道德指引和行为规范。教师应在智育的过程中将优秀传统文化融入教学,使学生逐渐了解和传承中华民族的优秀传统文化,从而使学生养成健全的人格和正确的价值观。

二、智育的目标

(一)提高学生的综合素质

学生的综合素质是指他们在知识、能力、道德、情感等方面的全面发展。作为智育的目标之一,提高学生的综合素质具有重要的意义。智育要通过提高学生的综合素质,培养出全面发展的个体。现代社会中,仅仅获得知识远远不够,学生只有具备综合素质,才能更好地适应社会的发展和变化。综合素质的提高有助于学生形成正确的人生观和价值观,成为积极向上、有社会责任感的公民。

为了提高学生的综合素质,可以采取以下措施。首先,要注重学生的多元发展。除了专业知识,还应该培养学生在艺术、体育、实践等方面的能力。学校可以通过开设多样化的选修课和课外活动,培养学生的兴趣爱好,拓宽其知识面。其次,要注重培养学生的实践能力。只有通过实践,学生才能真正地将所学知识应用到实际中,增强解决问题的能力。因此,学校应该提供更多的实践机会,如实习实训、社会实践等,让学生在实践中学习、成长。最后,要注重培养学生的终身学习能力。学习应该是一个终身持续的过程,学生需要具备自主学习、自我管理的能力。学校可以通过开设学习方法课程培训学生的学习技能,帮助他们树立终身学习的意识。

(二)提升学生独立思考与解决问题的能力

当今社会充满各种挑战和问题,学生需要具备独立思考和解决问题的能力。提升学生独立思考与解决问题的能力是智育的重要目标之一。为了实现这一目标,教师应该采取一系列措施。

1. 营造积极的学习环境

教师通过鼓励学生提出问题、发表个人观点的方式来激发学生的学习主动性。例如,在课堂上可以鼓励学生参与讨论,提出自己的见解,并与其他同学进行交流和辩论。这样的环境可以促使学生勇于发表自己的观点,并有助于培养他们独立思考的意识和能力。

2. 注重培养学生的批判性思维和创新能力

学生需要学会分析和评估问题,找出问题的关键因素并提出解决方案。为了实现这一目标,教师可以引导学生进行案例分析、实践探究以及创新性的思维训练。这样的训练可以帮助学生形成独立思考和解决问题的能力,使他们能够主动面对各种挑战并找到解决问题的方法。

3.注重培养学生的团队合作能力

在解决问题的过程中,团队的凝心聚力可以提高问题解决的效率和质量。因此,学生需要学会与他人合作和沟通。通过组织学生参与小组项目、协同学习等活动,培养学生的合作意识和合作能力,有助于他们在解决问题中发挥团队合作的优势。

(三)培养学生的人格及价值观

人格及价值观是一个人内心深处的核心,影响着个体的行为、决策和与他人相处的方式。智育的实施,致力于培养学生健康积极的人格和正确的价值观。在这一目标的实现过程中,需要遵循一些关键的原则和方法。

教师应当通过优秀传统文化的引导,培养学生正确的人格及价值观。优秀传统文化是中华民族的瑰宝,蕴含着丰富的智慧和道德标准。通过学习和传承优秀传统文化,学生能够汲取其中的精华,树立正确的人生观、价值观和世界观。教师也应当结合现代社会的特点,将优秀传统文化与当代价值体系相结合,让学生能够适应不断变化的社会环境并持续发展。

教师需要注重培养学生独立思考和创新的能力。人格及价值观的形成离不开学生自主思考和独立决策的能力。通过提高自身独立思考和创新的能力,学生能够更加坚定理想信念,并且能够以理性和批判性的眼光审视和评判外界的各种观点和价值取向。在智育实施过程中,教师应当给予学生思考和表达的机会,引导他们自主地思辨问题,培养他们独立解决问题的能力。

教师应当注重塑造学生良好的品德。一个人的人格和价值观有很大一部分是由他的品德和道德行为决定的。教师需要通过智育的方式,引导学生树立正确的道德观念和行为准则。例如,通过开展各类志愿活动和道德故事的讲解,让学生亲身体验帮助他人的快乐和守纪律的重要性,激发他们的道德情感和责任意识。此外,教师应当注重鼓励学生参与道德实践,使学生通过参与社区服务、学校社团等活动,培养自身的公民意识和团队合作精神。

三、智育的原则

(一)尊重学生的主体性

主体性强调的是学生在智育过程中的主动性和自主性。传统的教育模式往往以教师为中心,教师传授知识,学生被动接受。然而,现代教育已经转向了更加注重学生参与和主导的教学模式。

尊重学生的主体性意味着教师应该充分尊重学生的个体差异,提供多样化的学习方式和评价方式,让每个学生都有机会发挥自己的潜能。这意味着教师应该认识到每个学生都是独一无二的个体,他们具有不同的兴趣、特长和学习风格。教师在设计教学活动和课程时,应该充分考虑学生的差异性,为学生提供有针对性的学习机会。

尊重学生的主体性要求教师在课堂上给予学生更多的发言权和决策权。学生需要有机会表达自己的观点,参与讨论和决策过程。通过参与,学生能够更好地理解和掌握所学知识,同时能够培养自己的思维能力和创新精神。

在实践中,教师可以采取多种方式来尊重学生的主体性。例如,教师采取小组合作的方式进行教学活动,让学生在小组中互相合作、讨论和解决问题。这样的教学方式能够激发学生的兴趣和积极性,培养他们的合作精神和团队意识。教师还可以通过让学生主持讨论和演讲等方式来提高学生的表达能力和领导才能。

(二)强调实践与体验

智育的目标是培养学生的综合智慧和实践能力,而实践与体验是达成这一目标的有效途径。通过实践,学生能够将所学知识与实际情境相结合,增强对知识的理解与运用能力。同时,通过实践,学生能够感知事物的本质和规律,提升创新思维和解决问题的能力。

首先,教师需要提供丰富的实践机会,让学生通过实际操作来体验和探索。例如,在物理课上,教师组织学生进行实验,让学生亲自动手操作、观察实验现象,从而深入理解物理原理。其次,教师应当引导学生进行观察、分析和总结,培养学生的观察力、思考力和总结能力。例如,在生物课上,教师带领学生去实地考察生态环境,让学生亲身感受生物的多样性和相互关系。最后,教师要注重培养学生的实践技能,通过实践来提高学生的操作技能和实践能力。例如,在化学课上,教师组织学生进行化学实验,让他们掌握实验操作的技巧和注意事项。

(三)注重个体差异

在智育的过程中,教师必须认识到每个学生都是具有独特个性和差异的个体。注重个体差异是智育的重要原则之一。每个学生都有自己的兴趣、能力、特点和发展潜力,教师不能把他们简单地归为一个整体。相反,教师应该尊重每个学生的个体差异,为他们提供个性化的教学和发展路径。

针对学生的个体差异,教师可以通过不同的教学策略来激发他们的学习兴趣和动力。例如,对于喜欢阅读的学生,教师可以提供更多的阅读材料和有挑战性的阅读任务;对于偏好实践的学生,教师可以提供更多的实践操作和实践项目。通过满足不同学生的不同学习需求,可以让他们更加投入学习,并取得更好的学习效果。

注重个体差异意味着教师需要关注学生的学习风格和学习能力。不同学生有不同的学习偏好和学习方式,有些学生更善于视觉学习,而有些学生更善于听觉学习或动手实践。教师需要根据学生的个体差异,为学生提供多样化的学习活动和资源,以满足不同学生的学习需求。教师还需要关注学生的学习能力差异,针对不同学生的学习水平和进度,进行个别化或分层教学,确保每个学生都能够在适合自己的学习阶段取得进步。

注重个体差异要求教师给予学生充分的自主权和选择权。每个学生都应该在学习过程中拥有一定的自主决策权,能够根据自己的实际情况和兴趣选择学习内容、学习方式和学习目标。这不仅能够增强学生的学习主动性和学习动力,还能够培养学生的自我管理能力和决策能力。

(四)建立和谐的师生关系

和谐的师生关系可以为学生提供积极向上的学习环境。当师生之间相互尊重、信任和合作时,学生能感受到一种温暖、舒适的氛围,从而更加愿意参与到学习中来,更加自信地表达自己的观点和想法,不畏惧犯错误,因为他们知道教师会给予支持和鼓励。这种积极的氛围将激发学生的学习热情和促进其学术成就的提升。

1.有利于增强学生的自尊心和自信心

当学生感受到来自教师的肯定和鼓励时,他们会对自己的能力和价值有更加积极的认知。他们会更加勇敢地面对困难和挑战,展现出独特的才华和潜力。和谐的师生关系也能够培养学生的责任感和集体意识。学生会更加珍视与教师和同学之间的关系,懂得尊重和包容他人。这将有助于学生社交能力的发展,为他们日后的人际交往打下坚实的基础。

2.能够增强学生的学习效果

当师生之间的关系紧密、和谐时,教师会更加关注学生的个体差异,了解他们的兴趣、需求和学习方式。教师可以根据学生的特点制订个性化的教学计划,更好地满足学生的学习需求。和谐的师生关系也鼓励学生积极参与教学活动,与教师进行良好的互动。这种互动可以促进师生之间的思想交流和知识共享,激发学生的思维活跃,增强其学习效果。

为了建立和谐的师生关系,教师应该注重以下几点。首先,教师应该以尊重学生的主体性为基础,尊重学生的个体差异,设计出有针对性的教学方式和方法;其次,教师应该强调实践与体验,通过实际操作和亲身体验的方式来激发学生的学习兴趣和动力;再次,教师应该注重个体差异,了解学生的优点和不足,因材施教,为每个学生提供个性化的发展方向和支持;最后,教师应该与学生建立平等、互助的师生关系,进行良好的互动和沟通,给予学生真实的赞赏和鼓励。

四、优秀传统文化在智育中的价值及其实现路径

(一)优秀传统文化的智育价值

优秀传统文化能够塑造学生的道德情操和美德品质。优秀传统文化中充满了伦理道德的智慧,包含着对人性、生命、家庭、社会等价值的思考和感悟。儒家文化提倡"仁者爱人",重视人与人之间的亲情、友情和社会责任,强调个人修养和社会公德。通过学习和传承优秀传统文化,学生能够树立正确的道德观念,培养高尚的品质。

优秀传统文化能够提高学生的审美情趣和艺术鉴赏能力。优秀传统文化中蕴含着丰富多样的艺术形式和表达方式,如绘画、音乐、舞蹈、戏曲等。通过欣赏和研究优秀传统文化中的艺术作品,学生能够培养自身的审美情趣,提高艺术鉴赏能力。例如,学习中国古代绘画艺术,可以帮助学生开阔视野、提高观察力和细节把握的能力,从而影响学生日常生活中的审美选择和个人品位。

(二)优秀传统文化在智育中的现实意义

优秀传统文化能够提供丰富多彩的智育资源,激发学生的思维活力和创造力。例如,通过学习古代文人的诗词作品,学生可以培养自身对语言和艺术的感受力,进而提高自己的审美水平和表达能力。另外,优秀传统文化中的哲理和智慧也能够引导学生思考人生,培养他们的逻辑思维和批判性思维。

优秀传统文化对塑造学生正确的价值观和道德观具有重要意义。优秀传统文化中蕴含着丰富的道德规范和行为准则,通过学习和研究优秀传统文化,学生能够接受和传承正确的道德观和价值观。例如,优秀传统文化中的孝道伦理观念可以唤起学生对家庭和社会的责任感,培养他们关心他人、尊重他人、帮助他人的品质。通过学习优秀传统文化,学生也能够认识到价值观的多样性和相对性,从而培养自己的包容心和理解力。

优秀传统文化能够促进学生对历史和文化的认同和理解。了解和认识优秀传统文化的背景和内涵,可以帮助学生更好地理解和认同自己的文化身份。通过学习优秀传统文化,学生形成对中华文化的认同感,树立正确的文化观。优秀传统文化的学习也能够开阔学生的国际视野,帮助他们更好地理解和尊重其他国家的文化,促进文化交流和互鉴。

优秀传统文化在智育中的现实意义还体现在凝聚民族精神和社会共识上。在经济全球化背景下,优秀传统文化作为一种可持续发展的资源,能够为社会提供凝聚力和认

同感。通过传承和弘扬优秀传统文化,能够培养学生对民族精神的认同感和归属感,增强其对社会共识的认同和支持。

(三)实现优秀传统文化智育价值的路径

1.加强对优秀传统文化的研究和挖掘

教师需要深入研究和挖掘优秀传统文化的内涵和精髓。通过对经典著作的解读、对古代文献的阅读和对学者论著的研究,教师能够更好地理解优秀传统文化的智慧和价值。同时,教师需要对优秀传统文化中的优秀思想和道德观念进行系统的梳理和总结,以便将其融入智育过程。

2.构建以优秀传统文化为核心的教育体系

教师应构建以优秀传统文化为核心的教育体系。在教育活动中,将优秀的传统文化作为基础教育的重要内容之一,通过开设相关课程和开展相关活动,将优秀传统文化的精华传递给学生。同时,通过对一些典型案例的讲述和展示,让学生更加深入地了解优秀传统文化中的智慧和价值观。

3.培养学生对优秀传统文化的情感认同

教师应通过组织各种形式的文化活动,如传统节日的庆祝、传统技艺的传承和表演等,让学生亲身体验和感受优秀传统文化的魅力,从而激发他们对优秀传统文化的兴趣和热爱。同时,通过开展讨论和辩论等活动,引导学生积极思考和探讨优秀传统文化的内涵和现实意义。

4.建立与现代社会的联结

优秀传统文化虽然具有悠久的历史和深厚的底蕴,但如果与现代社会脱节,就难以为当代社会所接受和应用。因此,教师在课堂教学中应该注重优秀传统文化与现实问题和现代价值观的衔接,在科技、艺术、文化等领域将优秀传统文化的智慧融入现代社会,让优秀传统文化焕发新的生命力和活力。

第四章 优秀传统文化的现代教育路径

第一节 家庭教育

一、优秀传统文化的主要内容及其在家庭教育中的价值意义

（一）优秀传统文化的主要内容

优秀传统文化是中华民族几千年来积累的宝贵财富，蕴含丰富的思想、道德、美学等方面的内容。

首先，优秀传统文化强调道德伦理的重要性。中华民族传统文化强调仁爱、忠诚、正直等美德，这些道德价值观在家庭教育中起到至关重要的作用。其次，优秀传统文化注重尊师重教。尊师重教是中华民族一直以来的传统美德，强调师德的重要性，教育孩子尊重师长、敬重老师，拥有乐观向上的态度。再次，优秀传统文化强调孝道的重要性。尊敬父母、孝顺长辈一直是中华传统文化中的核心价值观，对于塑造良好家风、培养孩子优秀品质和良好行为举止具有重要作用。最后，优秀传统文化中蕴含着丰富的艺术和文学内容。中华传统文化拥有庞大而丰富的文学作品，其中包括诗词、曲艺、小说等多种形式，这些作品不仅展示了中华民族的智慧，也为家庭教育提供了丰富的素材和启示。通过让孩子接触和欣赏中国传统文学作品，可以培养他们对文化的热爱并促进他们审美能力和理解力的提升。

（二）优秀传统文化在家庭教育中的价值意义

优秀传统文化作为历经千百年流传下来的宝贵财富，其在家庭教育中的应用不仅仅是一种教育方法，更是对家庭教育的深刻启示。优秀传统文化强调家庭的核心地位和家庭价值观的传承。在传统文化中，家庭被视为社会的基本单位，家庭的和睦和稳定对个人成长和社会稳定起着至关重要的作用。因此，家庭教育应该以传统文化为基础，培养孩子正确的道德观念和价值观，使其成为有责任感和担当精神的社会成员。

优秀传统文化注重人的全面发展和个性培养。通过学习和传承优秀传统文化，个体可以更好地了解自己的国家、民族和文化的根基，增强文化身份的认同感和归属感。优秀传统文化还鼓励个体追求精神境界的提升，通过培养个体的兴趣爱好和独立思考能力，使其在成长过程中不断发展和完善自己的个性特点。

优秀传统文化倡导家庭成员之间的和谐相处和互助关系。在传统文化中,家庭成员之间相互依赖、相互作用、相互适应、相互支持。因此,家庭教育应该强调家庭成员之间的情感沟通和互动,培养个体的社交能力和团队合作精神。只有在和谐的家庭环境中,个体才能得到更好的成长和发展。

优秀传统文化对家庭教育的影响不仅体现在传承和应用上,更体现在思想观念的扩展和更新上。家庭教育是一个动态的过程,随着时代的变迁,家庭教育也需要与时俱进。优秀传统文化可以为家庭教育提供宝贵的资源和参考,同时也需要从家庭教育的实践中不断吸取养分并更新,以适应现代社会对家庭教育的新要求。

二、家庭教育现状分析

(一)家庭教育的定义及重要性

家庭是孩子成长的第一课堂,而家庭教育作为其中的重要组成部分,发挥着至关重要的作用。家庭教育可以简单地定义为家庭成员对孩子进行的一系列教育活动,包括知识的传授、价值观的培养、道德规范的养成等。

家庭教育在培养孩子的核心价值观方面具有重要意义。优秀传统文化源远流长,承载着丰富的道德观念与价值判断准则。家庭教育中的传统文化元素可以帮助孩子树立正确的人生观、价值观,培养孩子尊重他人、有责任感和社会关怀等优良品质。

家庭教育对孩子的学习成绩与学习方法有着深远影响。家庭是孩子学习的最初场所,家长在孩子学习中的引导作用至关重要。家庭教育中传统文化的应用可以为孩子提供学习的规范和方法,帮助他们建立积极的学习态度,进而提高学习成绩。

家庭教育对孩子的社会适应能力和建立良好的人际关系起着积极作用。尊重他人、团队意识、合作精神等价值观是优秀传统文化中的重要组成部分,也是家庭教育的重要内容。家庭中以传统文化为基础的教育,有助于增强孩子的交往能力、处理人际关系的能力,为他们走向社会打下坚实基础。

当前,家庭教育还是存在些许问题的,传统文化的应用为改善家庭教育提供了一种新的思路。在快节奏的现代生活中,许多家庭教育缺乏对孩子的深入引导和培养,而传统文化的应用可以让家庭教育变得更加有深度和内涵,帮助家长更好地引导和教育孩子。

(二)当前家庭教育存在的问题

在当今社会,家庭教育面临着一系列问题与挑战。部分家长忽视了对孩子的情感培养,过于注重学业成绩和物质条件的满足,缺乏与孩子的沟通,亲子关系淡漠。这种情况下,孩子的情感发展可能受到阻碍,导致孩子内心出现孤独感和不安全感。

现代科技的普及给家庭教育带来了新问题。智能手机、平板电脑等电子产品的广泛使用,让孩子沉迷于虚拟世界。家长疏导效果不佳,导致孩子缺乏与现实世界互动的机会,对于生活中的经验缺乏感知与理解,这也削弱了家庭教育在塑造孩子价值观和道德观念方面的作用。

当前的家庭教育还存在着片面追求成绩、缺乏个性尊重的问题。一些家长过于重视孩子的成绩和名次,为了让孩子在学校脱颖而出,往往给孩子增加学业负担。这样的教育模式容易压抑孩子的个性和创造力,使他们在繁重的学业任务下缺乏自主学习和独立思考的能力。

(三)家庭教育改革的方向

传统家庭教育方式在某种程度上已经无法应对现代社会的挑战。传统家庭教育强调的是权威和约束,要求孩子听从家长的安排。但在当今社会,这种教育方式逐渐失去了优势。现代社会注重培养孩子的创造性思维、自主能力和综合素质,而传统家庭教育方式缺乏培养孩子综合素质的方法和手段。因此,家庭教育改革需要注重培养孩子的综合能力,为他们未来的发展提供更全面的支持。

随着科技的进步和信息的爆炸性增长,家庭教育需要更加注重培养孩子的信息素养和网络安全意识。现代社会中,互联网已经成为人们获取信息、交流思想的重要渠道,但同时也为人们带来了新的问题和挑战。例如,网络游戏成瘾、网络暴力、信息泄露等问题已经成为困扰家庭教育的突出难题。因此,在家庭教育改革中,必须加强对孩子的网络教育和安全意识的培养,让他们能够正确、健康地利用互联网资源。

家庭教育改革还需要关注家庭教育资源的公平分配。在现实中,家庭教育资源并不平等,家庭教育改革应该通过政策的支持和社会的努力,均衡教育资源,确保每一个孩子都能够享受到优质的家庭教育。

三、优秀传统文化在家庭教育中的应用

(一)优秀传统文化对家庭教育的启示

当今社会,家庭教育的重要性日益凸显。优秀传统文化作为我们民族的宝贵财富,具有深远的教育意义,为家庭教育提供了许多宝贵的启示。

优秀传统文化强调家庭的尊严与和谐。我国传统文化常强调家庭成员之间的和睦相处与互助关系,倡导家庭成员间的相亲相爱、和谐共处,这为家庭教育提供了良好的价值观基础。在家庭教育中,应该强化孩子尊重长辈、兄弟姐妹之间互相关爱和帮助的意

识,使家庭成员之间建立起彼此尊重、理解和信任的关系。

优秀传统文化注重道德修养和人格塑造。传统文化中蕴含着许多关于道德、礼仪和品德的教诲。在家庭教育中,应该重视培养孩子的良好道德品质和健全的人格。通过教导孩子遵守道德规范,培养孩子诚实守信、友善互助、勤奋进取等良好品质,让他们在成长过程中明白何为"有德有行",树立正确的人生观和价值观。

优秀传统文化重视孝道与家庭责任。孝道作为家庭教育的重要内容,是中华传统文化的核心之一。在家庭教育中,应该引导孩子理解和尊重长辈、关心家人,从小学会孝敬父母、尊重师长,培养他们对家庭的责任感和奉献精神。通过传承和弘扬优秀传统文化中的孝道观念,培养孩子感恩父母、关怀他人的品质。

在实践中,需要注重将优秀传统文化融入家庭教育。通过讲故事、传唱经典、参与传统节日等形式,向孩子传递优秀传统文化的价值观。此外,可以组织一些体验活动,让孩子亲身感受和体验传统文化的魅力和智慧。通过这些方式,能够有效地将优秀传统文化融入家庭教育,提升孩子的文化修养和人格素质。

(二)优秀传统文化对家庭教育的影响及意义

优秀传统文化对家庭教育的影响是深远而广泛的。首先,优秀传统文化注重家庭价值观的培养,强调家庭成员之间的亲情和尊重,这对于建立和谐家庭关系具有重要意义。例如,孝道是中华传统文化中的核心价值观,它教导人们如何尊重和孝敬父母,以及如何维系亲情。在家庭教育中,父母通过教育孩子尊重长辈、关心家人等,培养孩子的孝道观念,加强家庭成员之间的情感联系。

优秀传统文化强调家庭教育的温馨和温暖。例如,中华传统文化中的"和"与"顺"观念提倡家庭成员之间的和谐相处和顺利发展。在家庭教育中,父母可以借助优秀传统文化中的相关教育方法,如耐心倾听、友善沟通等,营造温馨和睦的家庭氛围。这样的氛围不仅有助于孩子的身心健康发展,也能够增强家庭成员之间的亲密关系。

优秀传统文化还对培养孩子的价值观和道德观具有重要意义。传统文化中的道德意识和行为规范成为家庭教育的重要内容。例如,孔子的"仁爱之心"和孟子的"格物致知"都是优秀传统文化的重要教育理念,它们强调个人的道德修养和世界的和谐发展。父母通过讲故事、引导讨论等方式,向孩子传授这些道德观念,并在日常生活中给予实践指导。这样的教育不仅能够培养孩子的道德品质,还能够帮助他们树立正确的人生观。

(三)如何将优秀传统文化融入家庭教育

在将优秀传统文化融入家庭教育的过程中,应该有意识地改变传统的教育方式,尝试一些新的方法和手段。

首先,通过言传身教传承优秀传统文化。家长应该以身作则,成为孩子的榜样,在言传身教中展示传统文化的内涵和价值观,通过自身的言行引导孩子树立正确的价值观。

其次,在日常生活中融入优秀传统文化的元素。例如,让孩子参加一些传统文化活动,如舞狮、写毛笔字、包饺子等,让孩子亲身体验传统文化的魅力。可以选择一些传统文化题材的书籍、电影、动画等激发孩子对传统文化的兴趣。

再次,可以利用科技手段来传播和传承优秀传统文化。现代科技的快速发展为我们提供了许多新的教育方式。家长可以引导孩子使用互联网资源查找相关传统文化知识,并与他们一起进行探索和学习。此外,也可以通过社交媒体分享传统文化的知识和故事,引起更多人的关注和兴趣。

最后,注重实践与体验,让孩子亲身参与传统文化的传承。可以带领孩子参加一些集体活动,如书法比赛、绘画比赛、传统戏曲表演等,让孩子有机会展示自己对传统文化的理解和创造力。同时,还可以带孩子去参观一些传统文化的名胜古迹,亲身感受传统文化的博大精深。

第二节　学校教育

一、学校教育的基本任务与长远目标

(一)学校教育的基本任务

1.传授知识

学校作为教育的主要场所,承担着向学生传授各类知识的重要责任。在学校教育中,教师通过科学的教学方法,将丰富的知识传授给学生,帮助他们打牢学科基础。

2.培养学生的基本能力和综合素质

学校教育不仅要向学生传授专业知识,更重要的是培养学生的综合能力。在现代社会中,综合素质对学生的发展至关重要。学校教育应该注重培养学生的创新思维、实践能力、沟通能力、团队合作精神等,以提高学生的综合竞争力。

3.培养学生的道德修养和价值观

优秀传统文化中蕴含着丰富的道德观念和价值观,是学校教育的重要内容。学校教育通过教授优秀传统文化,引导学生树立正确的道德观念和价值观,培养他们的社会责任感和良好的行为习惯。

4.关注学生的身心健康

在现代社会中,学生面临着诸多的学习压力和竞争压力,身心健康问题越发凸显。因此,学校教育不仅应该关注学生的学业表现,更要注重学生的身心健康,通过开展体育运动、心理健康教育等方面的活动,帮助学生保持良好的身心状态,促进他们的全面发展和健康成长。

(二)学校教育的长远目标

学校教育作为培养学生全面发展的重要环节,其长远目标是培养具有良好品德、广博知识、健全人格和创新能力的社会主义建设者和接班人。具体而言,学校教育的长远目标可以从以下几个方面来思考。

1.学校教育应当培养学生的道德品质

作为社会主义核心价值观的传播者和实施者,学校应当引导学生树立正确的价值取向、道德观念和行为准则。通过学习和实践,学生应当具备积极向上、高尚纯洁的品格,树立正确的道德观,对各种社会现象做出正确的分析和判断,这无疑对学生个人的成长和全面发展具有积极的促进作用。

2.学校教育应当促使学生夯实基础知识

学校教育应当确保学生在各个学科领域都能够构建合理的知识结构。同时,学校教育也应当加强培养学生的学科综合能力,促使学生在知识储备和应用能力上取得进一步提升。只有广泛涉猎各个领域的知识,学生才能够更好地适应日新月异的社会发展,并为国家发展作出积极贡献。

3.学校教育应当培养学生的健全人格

学校教育不仅要关注学生的智力发展,更要培养学生的情感、意志和行为等多个方面的综合素养。学生应当具备自信心、坚定的意志和正确价值判断的能力。同时,学生还应当具有协作意识、批判性思维和创新能力。只有形成健全的人格,学生才能够在社会中独立自主地生活和工作。

4.学校教育应当培养学生的创新能力

创新是社会进步的重要推动力量,学校教育应当培养学生的创新精神和创新能力,为他们提供发展和实践的平台。学生应当具有观察问题、分析问题和解决问题的能力,同时,还应当具备自主学习和自主思考的能力。这样,学生才能够在未来的社会中担任重要角色,并为社会进步和科学发展作出积极贡献。

二、学校教育与社会发展的关系

在当今社会中,学校教育与社会发展密不可分,二者相互影响、相互渗透。学校教育是社会发展的一部分,承担着培养人才、传承文化、促进社会发展等重要任务。同时,社会发展也对学校教育提出了需求和期待。

(一)培养人才

作为社会中的教育机构,学校不仅要传授知识,还要培养学生的综合素质和能力,使其适应社会发展的需求。例如,在现代社会中,社会的高质量发展把对人才的要求推向新高度,学校要根据社会对人才的需求,重点培养具备科技创新能力和合作精神的人才,为社会发展作出贡献。

(二)传承文化和促进社会发展

学校是传承和弘扬优秀传统文化的重要场所,通过对优秀传统文化的教育,可以培养学生的道德素养、文化品位和审美能力,这些都是社会所需要的人才应具备的素质和能力,能够提高整个社会的文明水平。学校也是培养社会主义建设者和接班人的摇篮,通过教育引导,可以培养学生的社会责任感和家国情怀,使学生为社会的繁荣稳定作出贡献。

(三)促进教育的改革和创新

社会不断发展变化,对教育也提出了新的挑战和要求。学校教育要与时俱进,不断进行教育模式和教学方法的创新,以适应社会高质量发展的需求。例如,近年来,随着信息技术的飞速发展,学校教育也应借助先进的技术手段,如网络教学、智能化教学,使教育更加贴近学生的实际需求,培养学生的信息素养和创新能力。

三、优秀传统文化在学校教育中的应用

(一)优秀传统文化在课程设置中的应用

在学校教育中,优秀传统文化发挥着重要的作用。其中,在课程设置中运用优秀传统文化的思想和价值观,可以对学生进行全面的培养和教育。

在课程设置中将优秀传统文化纳入各学科的教学内容。例如,在语文课程中,通过学习古代文学作品,学生可以领略到其中蕴含的深刻思想和传统美德;在历史课程中,学生可以了解到中华民族的历史传统和文化精髓。这样的教学设置可以帮助学生更好地了解和传承中华优秀传统文化。

在课程设置中注重培养学生的创新意识和实践能力。优秀传统文化有着丰富的智慧和创造力,其中蕴含的思想和方法对学生创新能力的培养具有重要意义。在各学科的实践探索中,引导学生运用优秀传统文化中的智慧,培养学生的创新意识和实践能力。

优秀传统文化的精华可以用来调整和完善现代学科的课程内容。优秀传统文化中有许多宝贵的经验和智慧,对现代学科的发展也有很大的启示。通过引用优秀传统文化的相关理念,结合现代学科的特点,使课程内容更加全面和丰富,增强学生的学习兴趣和动力。

在课程设置中注重培养学生的人文素养。优秀传统文化注重人的全面发展,强调道德伦理和文化自觉。在课程设计中,应注重培养学生的人文素养,不仅关注学生专业知识的掌握,还要培养学生健全的人格和价值观。

(二)优秀传统文化在教学方法中的应用

在学校教育中,优秀传统文化的应用不仅停留在课程设置上,同时还体现在教学方法的选择与运用上。教学方法是教师在教学过程中使用的具体手段和策略,它直接影响学生的学习效果和教师的教学质量。借鉴和应用优秀传统文化中的教育思想和方法,有助于提升学生的学习兴趣和学习效果,培养学生的综合素质和创造力。

借鉴传统文化中注重启发、引导和体验的教育思想,采用启发式教学方法。启发式教学强调学生的主动性和参与性,通过提出问题、组织讨论或实验等方式,引导学生自主探究和解决问题。例如,在语文教学中,可以选取传统诗词或经典故事,让学生通过朗读、表演或分析等方式深入理解其中的文化内涵,这样的教学方法既能增强学生的语言表达能力,又能培养他们对传统文化的兴趣和加深他们对传统文化的理解。

融入传统文化中追求和谐、尊重师长的教育价值观,采用合作式教学方法。合作式教学注重培养学生的合作精神和团队意识,通过小组合作、角色扮演或讨论等活动,促进学生之间的交流与合作。例如,在历史课堂上,让学生分组讨论、分析和解读一段传统文化背景下的历史事件,激发学生的思辨和创新能力。这样的教学方法不仅能促进学生之间的互动与合作,还能培养学生的领导才能和团队协作能力。

传统文化强调师生关系的和谐与尊重,也能为教学提供有益启示。教师可以借鉴传统文化中"师者,所以传道受业解惑也"的教育理念,在教学过程中注重与学生的沟通与互动,尊重学生的个性差异与兴趣爱好,关注学生的成长与发展。将传统文化中尊师重教的传统美德融入教学方法,有助于建立良好的师生关系,激发学生的学习动力和学习兴趣。

（三）优秀传统文化在校园文化建设中的应用

在学校教育中,优秀传统文化的应用不仅体现在课程设置和教学方法上,还在校园文化建设中发挥着重要的作用。校园文化是对学校的核心价值观、学生的行为规范、学校的精神氛围等方面的构建和塑造。通过在校园文化建设中融入优秀传统文化,可以提升学校的整体文化水平,培养学生的道德品质和社会责任感。

在校园文化建设中,可以引入传统文化元素,打造具有中国特色的校园文化。传统文化中的历史文化、艺术形式等内容都是宝贵的文化资源,可以用于校园活动的策划和展示。例如,在校园文化周或重要节日之际,组织学生参与传统文化体验,如书法、剪纸、舞蹈等活动,让学生亲身感受中华传统文化的魅力。

在校园文化建设中,优秀传统文化的传播可以通过制定校规校纪来体现。校园是学生学习和成长的场所,要制定明确的行为准则。传统文化中的道德观念和行为规范可以为校规校纪的制定提供重要参考。例如,儒家思想强调忠、孝、礼、义等价值观,可以将其融入校园文化建议,引导学生形成正确的价值观和行为习惯。

在校园文化建设中,需要加强中华传统文化的教育与传承。学校可以通过丰富的课外活动、文化讲座、展览等方式,向学生传递传统文化的知识和价值观。通过了解和学习传统文化,学生能够产生对传统文化的兴趣和热爱,同时,也能够感受到优秀传统文化对当代社会的影响和启示。

在校园文化建设中,传承优秀传统文化通过校园节日活动的策划来实现。传统节日是中华传统文化的重要组成部分,学校可以通过举办传统节日的庆祝活动,激发学生的参与热情,并通过传统文化的展示,加深学生对传统文化的理解和认同。例如,在重阳节、端午节等传统节日来临之际,组织学生开展传统文化主题的艺术展览、戏剧表演、传统美食制作等活动,让学生在参与中感受传统文化的魅力。

（四）优秀传统文化在教师培训中的应用

在学校教育中,优秀传统文化作为重要的教育资源,发挥着不可忽视的作用,而在优秀传统文化的传承和弘扬过程中,教师扮演着关键的角色。同时,将优秀传统文化融入教师培训,对于提高教师的文化素养和教育能力具有重要意义。

在教师培训中,要注重传统文化知识的学习和培训。教师作为学校教育的中坚力量,应当具备一定的文化素养和传统文化知识。通过培训,教师能够了解到更多的传统文化知识,如经典著作、传统节日、礼仪习惯等,这些知识的学习,可以帮助教师更好地理解和传播优秀传统文化,并将其融入教学。

在教师培训中,要注重优秀传统文化教育方法的培训。优秀传统文化丰富多样,有着独特的教育价值。教师应当学习并掌握一定的教育方法,如启发式教学、情景模拟等。通过培训,教师能够了解如何运用多样化的教育方法实施传统文化教育,提高教学效果。

在教师培训中,要注重在校园文化建设中优秀传统文化的引入。校园文化作为学校教育的重要组成部分,能够营造浓厚的教育氛围。教师培训应当强调在校园文化建设中融入优秀传统文化的重要性.教师需要学习如何创建和维护有益于学生成长的校园文化,通过引入传统文化元素,使校园文化更加丰富多彩。

在教师培训中,要注重教师的师德教育。优秀传统文化强调道德伦理,注重品德的培养。教师作为学生的榜样和引路人,应当具备高尚的师德。通过学习和培训,教师能够了解传统文化对于师德的影响,从而更好地履行自己的职责。

四、优秀传统文化对学校教育的启示、影响与挑战

(一)优秀传统文化对学校教育的启示

优秀传统文化强调的"德育为先"理念,为学校教育提供了重要的价值追求。优秀传统文化强调道德修养和品德培养,注重培养学生的道德情操、品德修养和价值观。在学校教育中,我们应该更加注重培养学生的品德素养,使其具备高尚的道德品质和良好的行为习惯。

优秀传统文化强调的"修身齐家治国平天下"理念,为学校教育提供了全面发展的指导。优秀传统文化注重均衡发展,强调个人修养与社会责任的统一。在学校教育中,我们应该注重学生的全面发展,不仅关注其学术成绩,还要培养学生的社会责任感和创新能力,使他们成为具备综合素质的新时代人才。

优秀传统文化强调的"崇尚和谐"理念,为学校教育提供了构建和谐校园的重要思路。优秀传统文化注重人与人、人与自然、人与社会的和谐关系,强调互助、共融、共荣的理念。在学校教育中,我们应该建立和谐的师生关系、营造友好的班级氛围,注重培养学生的合作精神和团队意识,营造和谐、积极向上的学习环境。

优秀传统文化强调的"知行合一"理念,为学校教育提供了重要的指导方向。优秀传统文化注重实践和行动,强调知识的应用和实际问题的解决。在学校教育中,我们应该注重培养学生的实践能力和创新思维,使他们具备将知识运用于实际的能力。

(二)优秀传统文化对学校教育的积极影响

传统文化的传承与弘扬为学校教育注入了深厚的文化底蕴。传统文化是中华民族的瑰宝,包含了丰富的思想、道德、美学等方面的内容。学校通过传授传统文化,帮助学

生树立正确的价值观,强化其道德修养,培养其文化自信,这种文化底蕴的注入不仅丰富了学生的文化内涵,也增强了学校教育的魅力和吸引力。

传统文化的应用为学校教育提供了丰富的教育资源。传统文化中蕴含着丰富的教育内容,如孔子的教育思想、《诗经》的艺术审美、京剧的艺术表达等。学校通过精心设计的教育活动,将传统文化融入课程,使学生通过亲身体验领略传统文化的博大精深,这种教育资源的应用不仅能够激发学生对传统文化的兴趣,也能够提升学校教育的质量,培养学生的创新思维和文化素养。

传统文化使学校教育更加注重人文关怀。传统文化强调尊师重道、仁爱和谐等价值观。在学校教育中,传统文化的影响使得教师更加注重对学生的关怀和引领,从而建立师生之间的良好关系。这种人文关怀不仅能够促进学生的个人发展,也能够提升学校教育的整体质量,营造和谐的学习环境。

(三)优秀传统文化对学校教育的挑战

在推动优秀传统文化与学校教育相融合的过程中,也面临着一些挑战。首先,现代社会的多元化与变革速度给学校教育带来了新的挑战。学校需要不断调整教学内容和方法,确保将传统文化价值观融入现代教育。其次,传统文化与新型学生之间的冲突与融合是一个复杂而多面的问题。这就要求在传承传统文化的同时,给予学生发展个性和探索自我的空间。最后,传统文化教育与应试教育之间也存在着矛盾。传统文化教育注重的是人才综合素质的培养,而应试教育偏向于提高学生的考试成绩,这对学校教育提出了挑战。

面对这些挑战,需要采取一系列对策。首先,学校应该加强师资力量,培养一支具备传统文化素养的教师队伍,他们能够将传统文化融入教学;其次,学校应该积极开展传统文化的教育和研究,从根本上深化学生对传统文化的认同;再次,学校应该鼓励学生参与传统文化活动,如书画、乐器演奏、传统戏曲表演等,以培养学生的审美情趣和文化自信;最后,学校应该加强与家庭和社会的合作,共同推动传统文化的传承和发展。

第三节 社会教育

一、社会教育概述

(一)社会教育的定义

社会教育作为一种重要的教育形式,在当前社会发展中具有广泛的应用和重要的意义。社会教育是指社会机构有组织地开展一系列教育活动,以提高人们的综合素质、促进个人发展和社会进步的教育。它与学校教育相辅相成,弥补学校教育的不足。

社会教育的定义可以从以下几个方面来理解。首先,社会教育是一种由社会机构组织和实施的教育形式。这些社会机构可以是文化机构、社区组织、职业培训机构等,它们通过制定课程、组织培训、开展活动等方式来进行教育。其次,社会教育的目标在于提高人们的综合素质和促进个人发展。社会教育不仅注重知识的传授,还强调培养学员的认知、能力和品质,以适应社会的发展需求。再次,社会教育的主体是广大群众,无论是青少年、中年人还是老年人,都可以通过参与社会教育活动来提高自己的素质和能力。最后,社会教育与学校教育相辅相成,互相补充。学校教育主要关注学科知识的传授和学术能力的培养,而社会教育更注重职业技能的培训、社交能力的提升和个人素质的培养。

(二)社会教育的作用

1.社会教育可以促进个体的全面成长和发展

通过社会教育活动,个体能够学习到各种不同的知识、技能和经验,从而丰富自己的人生经历,提升自身素质。社会教育以多样化的形式、丰富的内容和灵活的方式进行,能够满足个体多样化的学习需求,培养他们的综合能力,提高他们在社会中的适应能力和竞争力。

2.社会教育有助于传承和弘扬优秀传统文化

作为一种宝贵的人类文明遗产,优秀传统文化蕴含着丰富的智慧和价值观。社会教育通过组织各种文化活动和课程,向学习者传达优秀传统文化的核心价值和精神内涵。通过深入学习、体验和实践,个体可以对优秀传统文化有更加深入的了解和认同,从而在实际生活中更好地传承和弘扬优秀传统文化,推动社会的文化繁荣和进步。

3.社会教育能够培养和增强社会公民的责任意识和社会参与意识

社会教育注重培养公民的社会责任感和社会参与意识,通过社会实践、志愿活动等方式,引导个体积极参与社会事务,关注社会问题,了解社会现实。社会教育倡导个体发挥自己的作用,为社会作出贡献,实现个体和社会的双赢。社会教育通过培养公民的责任意识和社会参与意识,推动社会的进步和发展。

(三)社会教育的方法

1.实践体验

社会教育为学习者提供参观、实地考察、实践活动等机会,让他们亲身感受和参与传统文化的实践。例如,学习者可以参观博物馆、古建筑、传统手工艺品工作坊等,从中了解传统文化的魅力。通过实践体验,学习者可以深入了解传统文化的内涵,加深对其价值的认知。

2.运用现代科技手段

随着信息技术的发展,借助互联网、移动应用等工具,可以将传统文化与现代科技相结合,创造出丰富多样的学习资源。例如,通过在线课程、教育游戏等方式,让学习者在互动中学习传统文化知识;利用社交媒体平台,展示传统文化的魅力,激发学习者的兴趣,并促进传统文化在社会教育中的传承。

3.培养学习者的综合素养和实践能力

传统文化强调人文关怀、道德修养等方面的教育,因此,在社会教育中应注重培养学习者的思维能力、沟通能力、创新能力等。例如,可以通过课堂讨论、团队合作等方式,让学习者发展批判性思维和提高解决问题的能力。此外,在社会教育中,应鼓励学习者主动参与社会实践活动,将传统文化与社会实践相结合,培养他们的实践能力和创新精神。

4.重视传统文化的体验性和感染力

社会教育应提供充满情感和美感的学习体验,让学习者深刻感受到传统文化的独特魅力。例如,组织学习者参与传统文化节庆活动、艺术表演等,让他们置身于传统文化的氛围中,感受其独特的魅力和情感价值。同时,通过艺术欣赏、文化交流等方式,培养学习者对传统文化的情感认同和价值追求。

二、优秀传统文化在社会教育中的应用

(一)传统文化在教育理念中的应用

在社会教育中,传统文化被广泛应用于教育理念的构建。传统文化作为一种独特的文化资源,蕴含着丰富的智慧和价值观,对于塑造学生的人文精神和价值观具有重要的作用。

传统文化在教育理念中的应用体现在强调以人为本的教育观念上。传统文化强调尊重个体的独立性和个性发展,注重培养学生的道德修养和人文素质。传统文化中的思想和价值观念强调人与自然的和谐相处,注重培养学生的生态意识和环保意识,使学生在受教育的过程中能够树立正确的人生观、世界观和价值观。

传统文化在教育理念中的应用体现在强调全面发展的教育观念上。传统文化强调

教育不能仅仅注重学生的知识和智力发展,更要注重培养学生的情感、品德、体魄等多方面的综合素质发展。在教育理念建构中应用传统文化中的这一观点,可以促进学生全面发展,培养学生的创新能力、团队合作能力以及终身学习的意识。

传统文化在教育理念中的应用体现在强调尊重学生个体差异和多元化发展的教育观念上。传统文化倡导"千人千面",强调个体差异和多样性。在教育理念建构中应用传统文化中的这一观点,可以充分尊重学生的个体差异,关注学生的兴趣爱好和特长,采用差异化教育的方式方法,以满足不同学生的需求和发展。

传统文化在教育理念中的应用还体现在强调传统文化的继承与发展的教育观念上。传统文化是民族的精神财富,是国家和民族的根基。在教育理念建构中考虑到传统文化的教育价值,可以引导学生深入了解和理解传统文化的内涵和精髓,培养学生对传统文化的认同感和自豪感,促进传统文化的传承和发展。

(二)传统文化在教育内容中的应用

传统文化作为一种独特而珍贵的文化资源,对于社会教育具有重要意义。在教育内容方面,传统文化的应用可以带来积极影响和启示。

首先,传统文化可以丰富教育内容,使学生更好地了解和认识文化传承。例如,在语文教育中,可以引用经典诗词、民间故事等传统文化元素,帮助学生感受中华传统文化的博大精深。这样的教育内容不仅可以传承中华民族的文化基因,也可以增强学生对传统文化的认同感。

其次,传统文化可以培养学生的道德观念和价值观。传统文化注重的是人与人之间的和谐相处,强调孝道、仁爱、忠诚等。将传统文化融入教育内容,可以使学生更好地理解并接受这些价值观,从而在日常生活中形成良好的道德观念。例如,在历史教育中,可以讲解古代圣贤的思想和行为,使学生明白做人的道理和原则,提高他们的道德修养。

最后,传统文化可以培养学生的创新思维和创造力。传统文化经历了漫长的历史沉淀和发展,蕴含着丰富的智慧和创意。将传统文化元素融入教育内容,可以激发学生对创新的兴趣和热情。这样的教育内容不仅能够拓宽学生的思维方式,也有助于培养他们的创新能力和创造力。

(三)传统文化在教育方式中的应用

传统文化在社会教育中的应用并不仅仅是教育理念和教育内容的转变,还深刻影响了教育的方式。在传统文化的视野下,教育不仅要传授知识,还应注重培养学生的品德、情操和思想意识。在这种教育思想的引导下,学生不仅成为知识的获取者,更成为促进社会发展的实践者。

1.传统文化强调师生关系中的尊重和互动

在传统文化视野下的教育方式中,教师不仅是知识的传授者,更是学生的引导者和榜样。教师通过言传和身教并重的方式,传递传统文化的价值观和行为准则,并引导学生在实际生活中运用和体验其中的道德内涵。教师也应该倾听学生的声音,了解他们的需求,激发他们的创造力和思考能力。师生之间的互动和尊重,促进了教育内容的有效传递。

2.传统文化注重体验式教学

在传统文化视野下的教育方式中,学生不再只是被动的接受者,更应该成为知识的创造者和应用者。通过参观、实践、互动等方式,学生能够深入了解传统文化的内涵,并运用所学知识和技能解决实际问题。例如,在传统文化视野下的教育方式中,学生通过实地考察古建筑、参与传统艺术表演和传统节日庆祝活动等方式,全面了解和体验传统文化的魅力。这种体验式教学不仅提高了学生的学习兴趣和参与度,更培养了他们的综合素养和创造力。

3.传统文化强调个性教育与全面教育的结合

传统文化视野下的教育方式注重培养学生的独立思考能力和促进学生的个性发展。教育者不仅要关注学生的学习成绩,更应该注重他们的身心健康和全面发展。通过启发式教学和个性化辅导,教育者不但可以满足学生的不同需求,发掘他们的潜能,还可以帮助他们实现自我目标。这种个性教育与全面教育的结合,使学生在接受传统文化教育的同时培养了自身独立思考和自主学习的能力,成为有社会责任感和创造力的公民。

(四)传统文化在教育评价中的应用

传统文化在教育评价中的应用是传统文化对于社会教育非常重要的一个方面。将传统文化融入教育评价体系,可以更好地促进学生的全面发展,深化他们对传统文化的认同感和继承意识。

在教育评价中应用传统文化,首先要明确教育评价的目标,即注重对学生综合素质的培养,包括智力、品德、审美等方面,并将传统文化的核心价值观纳入评价体系,具体包括以下几方面。

第一,传统文化在教育评价中的应用表现为可以通过对知识传承和传统技能的考核来衡量学生的学业水平。传统文化有着丰厚的知识体系和独特的技艺,如书法、绘画、剪纸等传统技能。通过对学生传统文化知识和技能的考核,可以评价学生对传统文化的掌握程度和继承能力。

第二,传统文化在教育评价中的应用表现为可以通过对学生道德品质的评价来提升学生的品德修养。传统文化强调道德伦理和人际关系,注重培养学生的品德修养。在教育评价中,可以通过评价学生的道德行为、社会责任感以及对于传统文化价值观的理解和践行情况,促进学生道德品质的提升。

第三,传统文化在教育评价中的应用表现为可以通过对创造性思维和创新能力的评价来培养学生的创新素质。传统文化鼓励创造性思维和独立思考,强调与时俱进、不断创新。在教育评价中,通过评价学生在创新设计、艺术创作等方面的表现来培养学生的创造性思维和创新能力。

第四,传统文化在教育评价中的应用需要重视评价的多元性和个性化,避免简单地以成绩评价为主导,而应兼顾学生的兴趣、特长和潜能。此外,还需要注重教育评价方法的改革与创新,采用多样化的评价手段,如综合评定、评语评价、成长档案等,以更全面地了解学生的发展情况。

三、传统文化对社会教育的启示

(一)传统文化对社会教育理念的启示

传统文化视野下的教育理念注重人文关怀和个体发展。传统文化倡导个人的精神追求与道德修养,这种理念与社会教育的目标一脉相承,即以培养全面发展的人才为中心,强调培养个体的品格和促进个体的自我完善。因此,将传统文化中所蕴含的的教育理念融入社会教育,有助于提升教育质量和培养出更具人文关怀的公民。

传统文化视野下的教育理念注重价值观的塑造和传递。传统文化强调教育个体具备正确的人生观、价值观和道德观。这种理念与社会教育的使命相契合,即培养具备正确价值观的公民。传统文化强调的诚信、孝道、忠诚等传统美德,对培养公民的价值观具有积极的影响。因此,在社会教育中,应该促进传统文化价值观的传承与弘扬,使其成为培养公民道德意识和社会责任感的重要力量。

传统文化视野下的教育理念注重继承和创新相结合。传统文化通过对历史文化的继承和传承,强调传统文化的价值,并通过不断创新与时代接轨。社会教育可以学习传统文化的这种理念,既传承历史文化的瑰宝,又与时俱进。在社会教育的实践中,应该坚持传统与现代相结合,注重培养学生的创新精神和实践能力,使其在传承传统文化的同时,也能积极应对社会的变革和挑战。

(二)传统文化对社会教育内容的启示

传统文化强调人与自然的和谐关系。在社会教育内容中,应该注重培养学生对环境的敬畏之情,倡导保护自然与可持续发展的理念。我们应该通过传统文化的启示,深刻理解人类与自然是相互依存、相互影响的关系,只有通过和谐共生的方式来处理人与自然之间的关系,才能实现社会的可持续发展。

传统文化注重培养人的道德品质。在社会教育内容的设计上,我们应该注重传统文化对于道德教育的启示。传统文化中有许多优秀的道德价值观,如孝敬父母、尊重长辈、助人为乐等。这些道德观念传承了几千年,具有深远的影响力。在社会教育中,通过教育活动、情境设置等方式,让学生深入理解并内化这些优秀的道德观念,培养他们的良好品德和行为习惯。

传统文化对于审美教育的启示也是不可忽视的。在社会教育中,应该注重培养学生的审美能力和审美情趣。传统文化中蕴藏着丰富多彩的艺术形式和审美标准,如绘画、音乐、舞蹈等。社会教育应借助传统文化,培养学生的艺术鉴赏能力和创造力,进而使学生创作出高品质的艺术作品。

(三)传统文化对社会教育方式的启示

传统文化强调以人为本,注重人的全面发展和个性塑造,这为社会教育方式提供了重要的理念源泉。在社会教育中,应该注重培养学生的综合素质,除了学科知识的传授,更要关注学生的德育、智育、体育等多个方面,以实现人的全面发展。

传统文化强调经验传承和实践导向,这对于社会教育方式的设计具有重要的指导意义。传统文化强调学以致用,注重实践和运用,因此在社会教育中,应该注重将知识与实践相结合,让学生通过实际操作等方式来深化对知识的理解和运用,帮助他们增强实际操作能力,提高解决实际问题的能力。

传统文化强调家庭、社区、社会的重要性,这对社会教育方式的构建具有深远的影响。传统文化鼓励人们积极参与社会生活,注重家庭和社区的作用,因此在社会教育中,应该重视家庭和社区的教育功能,与家庭和社区密切合作,共同培养学生的社会责任感、团队协作能力等。

第五章　基于现代教育技术的优秀传统文化教育

第一节　基于多媒体技术的优秀传统文化教育

一、多媒体技术的定义

(一)多媒体技术的概念

多媒体技术是指使用计算机及相关设备与软件来呈现、处理和传递多种形式的信息的技术。它通过将文字、图像、音频、视频、动画等多种媒体元素结合起来,创造出丰富、生动、互动的信息展示方式。多媒体技术能够借助计算机的强大计算和存储能力,实现复杂的数据处理和呈现,使信息更加直观、全面、易于理解。

多媒体技术的发展与计算机技术和通信技术的进步密切相关。在过去的几十年里,随着计算机技术的快速发展,多媒体技术得到了广泛的应用和研究。它不仅在娱乐、广告、设计等领域有着重要的应用,也在教育、医疗等各行各业中发挥着重要的作用。

在多媒体技术中,媒体元素的表达形式多样,包括文字、图像、音频、视频等。文字是最基本的媒体元素,可以传达丰富的信息和知识;图像以静态的方式展示信息,通过色彩、形状和构图来表达内容;音频通过声波的振动来传递信息,可以模拟和记录真实的声音,使信息更具感染力;视频以图像和声音结合的形式呈现,能够实现对真实场景的再现,增强了信息的可视性和丰富性。

(二)多媒体技术的组成

多媒体技术是一种综合性的技术体系,它包含多种媒体元素的组合与呈现。

多媒体技术的组成离不开多媒体数据的采集与处理。多媒体数据包括文字、图片、音频、视频等各种形式,而多媒体技术的组成正是基于这些数据的采集与处理。多媒体数据的采集与处理即通过采集设备,如摄像头、麦克风等,将现实世界的信息转化为数字形式的数据,进而对这些数据进行处理与加工,如数据的压缩、编码、解码等。

多媒体技术的组成包括多媒体硬件设备的应用。在多媒体技术中,多媒体硬件设备扮演着重要的角色,它们主要用于数据的存储、传输与展示。例如,显示器、音箱、投影仪等设备可以将多媒体数据以可视化和可听性的形式展示出来,而硬盘、快闪存储器等存储设备则可以存储大量的多媒体数据。

多媒体技术的组成还包括多媒体软件的应用。多媒体软件是指为了实现多媒体数据的呈现与应用而开发的软件系统。这些软件可以提供多媒体数据的编辑、播放、管理等功能,使得多媒体数据可以以更加直观和方便的方式被用户使用。常见的多媒体软件有视频编辑软件、音频播放器、图像处理软件等。

多媒体技术的组成还涉及多媒体网络的应用。在网络时代,多媒体技术与网络技术的结合使得多媒体数据可以通过网络进行传输与共享,实现多媒体数据的远程访问、在线播放、实时传输等功能,为多媒体技术的应用提供了更广阔的空间。

(三)多媒体技术的分类

多媒体技术是一门综合性技术,可以根据其不同的特点和应用领域进行分类。在实际应用中,多媒体技术的分类可以从多个角度划分,如技术媒介、媒体形式、数据类型等。下面将从不同的角度介绍多媒体技术。

从技术媒介的角度来看,多媒体技术可以分为实体媒体和虚拟媒体两大类。实体媒体是指基于物质载体实现的多媒体技术,包括电影、电视、CD、DVD等。这些媒介能够直接传播和展现各种形式的音频、视频和图像等。虚拟媒体则是指基于计算机网络和互联网等虚拟环境实现的多媒体技术,如在线音乐、在线视频、网络游戏等。虚拟媒体具有便捷性和即时性的特点,用户可以随时随地享受多媒体内容。

从媒体形式的角度来看,多媒体技术主要包括影像媒体、音频媒体、图像媒体和文字媒体。影像媒体是指通过视频和动画等形式展现的多媒体内容;音频媒体是以声音为主的多媒体形式,包括音乐、语音等;图像媒体是指以静态图像为主要展示方式的多媒体技术,如图片、照片等;文字媒体则是以文字和文字排版为核心的多媒体形式,如电子书、电子报等。这些不同的媒体形式各有特点,可以根据不同的需求来选择合适的形式进行展示和传播。

从数据类型的角度来看,多媒体技术主要分为文本、图像、音频和视频等多个类型。文本类型主要关注文字信息的展示和编辑,包括文字排版、字体设置等;图像类型主要关注图像的处理、编辑和展示,如图片的裁剪、旋转和滤镜效果等;音频类型主要涉及音频文件的编辑和处理,如音频的剪辑、混音和效果处理等;视频类型则涉及对视频文件的编辑和处理,如视频剪辑、特效添加和转码等。根据不同的数据类型,可以灵活选择适合的多媒体技术来满足特定的需求。

二、多媒体技术的特点

(一)交互性

交互性是多媒体技术的一个重要特点,指用户能够主动参与和操控多媒体内容的呈现与展示。在传统的教育模式中,学生往往被动接受知识,而多媒体技术的交互性打破了学生被动的学习方式。通过多媒体技术,学生可以主动选择、操作或参与教学过程,从而更积极地参与学习。基于多媒体技术的交互性,学生可以与媒体元素进行互动和探索。这样的学习方式能够更好地激发学生的学习兴趣和动力,增强学习效果。

1. 多媒体技术的交互性提供了个性化学习的机会

传统的课堂教学往往是统一的,无法满足每个学生的个性化学习需求。而通过多媒体技术,学生可以自主选择学习内容,调整学习速度和深度,根据自身的兴趣和能力进行学习。例如,在一个多媒体教学软件中,学生可以根据自己的兴趣选择某个特定方面的知识进行深入学习,或者通过互动式学习环节来检验自己的学习成果。这种个性化的学习方式不仅可以增强学习效果,还可以培养学生的主动学习能力。

2. 多媒体技术的交互性促进了学生与教师之间的互动

在传统的课堂教学中,教师通常是主导者,学生是被动的接受者。而多媒体技术的交互性可以使教师和学生之间建立更加平等、互动的关系。教师可以通过多媒体教学软件设计各种互动式学习环节,如问题解答、模拟实验和小组讨论等,激发学生学习的主动性和参与性。教师可以实时监测学生的学习情况,根据学生的表现及时进行反馈和调整,帮助学生更好地理解和掌握知识。

3. 多媒体技术的交互性提供了互动式学习的场景和体验

传统的教学方式往往是单向的,学生只是被动地接受知识,而多媒体技术的交互性可以让学生参与教学活动,成为学习的主体。例如,在一个多媒体教学软件中,学生可以通过点击、拖动等操作与教学内容进行互动。这种互动式学习的场景和体验可以增加学生的兴趣和参与度,激发学生的学习动力,并提升学习效果。

(二)集成性

集成性是多媒体技术的一个重要特点。它指的是将多种不同类型的媒体元素有机地融合在一起,形成一个整体,以提供更丰富、更全面的信息传递和用户体验。

多媒体技术的集成性使得不同形式的数据,如文字、图像、音频、视频等可以同时存在于同一个平台,并通过合适的技术手段实现交互和衔接。这种集成性不仅体现为在同一个界面上显示各种媒体元素,更重要的是将其有机地结合起来,形成一个更具有信息丰富度和表达能力的媒体。

集成不同类型的媒体元素,可以将文化教育内容更加直观地呈现给学生。例如,在教学过程中,利用视频、音频等媒体元素,将实地参观、讲解和文物展示等内容进行集成,形成一个具有沉浸感和互动性的学习环境。学生通过观看视频、听取音频，同时阅读相关的文字解释，从多个角度深入了解和体验传统文化。

集成性能够提高学生的参与度和主动性。基于多媒体技术的集成，学生可以自主选择学习的内容和方式，可以根据自己的兴趣和需求进行个性化学习。

（三）实时性

在多媒体技术中，实时性是一项重要的特点。实时性指的是多媒体系统能够及时地捕捉、处理和传输数据，并以适当的速度回应用户的操作。这一特点对于多媒体技术在优秀传统文化教育中的应用具有重要意义。

1. 确保学生即时获取所需的教育资源

在传统的教育方式中，学生需要去图书馆查阅相关书籍或参加线卜课程来获取所需的知识。而通过多媒体技术，学生只需要连接到互联网，便可以通过各种在线教育平台获取丰富的学习资源。这些资源可以是文字、图片、音频、视频等形式，而多媒体技术的实时性能够确保这些资源在学生需要的时候立即呈现。

2. 提供高效的学习互动体验

在传统的教育方式中，学生往往是被动地接受知识，学习过程缺乏互动性和参与性。而多媒体技术的实时性使得学习更加具有互动性。学生可以通过多媒体技术与教育资源进行互动，如通过点击、拖拽、触摸等方式与学习内容进行交互和操作。这种互动性能够增加学生的积极性和主动性，增强学习效果。

3. 帮助教师进行及时反馈和评估

在传统的教育方式中，教师需要等到学生提交作业或者完成测试后才能了解他们的学习情况。而通过多媒体技术，教师可以实时观察学生的学习进程和反馈。例如，通过在线学习平台，教师可以看到学生的学习活动记录、作业进展等信息，从而及时给予指导和评估。这种实时的反馈能够帮助教师更好地了解学生的需求和问题，并及时进行教学调整。

（四）动态性

动态性是多媒体技术的一个重要特点。它指的是多媒体内容能够以动态的方式展示，使观众获得更加生动和感性的体验。多媒体技术能够运用动画、视频等元素，展现图像、声音和视频的连续变化，从而使信息传递更加直观、形象。例如，在传统的教育教学中，如果要讲解一个物理实验的过程，只能通过文字和静态图片来进行描述。然而，借助多媒体技术，教师可以将实验过程录制成视频，以动画和音频的形式呈现给学生。这样，学生能够清晰地看到实验的每一个步骤，听到相应的解说，从而更好地理解实验原理和操作方法。

多媒体技术的动态性体现在通过实时互动的方式与用户进行交流和反馈。例如，利用多媒体技术开展网络直播课程，学生通过弹幕、在线提问等方式与讲师实时互动，提出问题、交流想法。这种实时性和互动性的特点使得学习变得更加灵活和有趣，激发了学生的学习积极性和主动性。

多媒体技术的动态性还体现在其能够根据用户的需求和反馈进行实时的调整和更新。使用多媒体技术，可以根据用户的反馈进行内容的优化和更新，以满足不同受众的需求，并使内容保持与时俱进。例如，在传统的文化传承教育中，可以利用多媒体技术设计互动性强的游戏或小程序，以吸引学生的兴趣，并在游戏中融入优秀传统文化的知识点，使得传统文化更加生动有趣，符合现代年轻人的审美和娱乐需求。

三、多媒体技术在优秀传统文化教育中的优势

(一)提升教育体验

多媒体技术通过生动的图像、声音和视频等方式，将优秀传统文化以鲜活的形态呈现给学生。这种直观感受可以让学生更好地理解和感受优秀传统文化的内涵，从而激发他们的学习兴趣。

多媒体技术可以为学生创造更加沉浸式的学习环境。通过虚拟现实、增强现实等技术，学生可以身临其境地体验优秀传统文化的魅力。例如，学生通过虚拟场景参观古代文化遗址，亲身感受历史的厚重和人文的韵味。这种互动式的学习方式不仅能够增强学生的参与度、引发他们的情感共鸣，还能为他们提供身临其境的体验。

多媒体技术通过互动性的设计，提供个性化的学习体验。传统教学往往是单向的，学生只是被动地接收信息。而多媒体技术的应用可以根据学生的兴趣、需求和学习进度进行个性化的调整。例如，学生通过点击、拖拽等操作与多媒体教材进行互动，根据自己的兴趣选择学习的内容和方式。这种个性化的学习方式可以提高学生的参与度和积极性，从而更好地促进他们对优秀传统文化的学习和理解。

(二)提高教育效率

在优秀传统文化教育中，多媒体技术的应用为提高教育效率提供了有力的支持。多媒体技术以其丰富的表现形式和互动性，使得传统教育变得更加生动、直观。多媒体技

术能够提供全面的、多角度的信息展示,使学生能够更加全面地理解教育内容。无论是图像、音频还是视频,都能够为学生带来直观的感受,让他们更好地理解和记忆知识。例如,在教授书法时,多媒体技术可以通过展示书法大师的作品,让学生更好地领会书法的艺术美感,从而更好地学习和掌握书法的技巧。

多媒体技术可以增强学生的参与度和学习兴趣,从而提高教育效率。通过使用多媒体教学软件、网络课堂等工具,学生可以主动参与教学过程,与教师进行互动交流,提出问题,分享自己的见解。这种互动性使得学生更加积极主动地参与学习,提高了他们的学习效果。多媒体技术的丰富性也能够引发学生的学习兴趣,激发他们的学习热情。例如,在教授传统音乐时,教师通过多媒体技术展示音乐的演奏过程和背景故事,让学生能够更加深入地了解音乐,从而增强他们对传统音乐的兴趣,促使他们更加主动地学习和欣赏传统音乐。

多媒体技术能够帮助教师实现教育资源的共享和更新。多媒体教材的制作和使用,使得教育资源数字化、网络化。教师可以通过网络共享教育资源,充分利用各种优秀的教育资源。多媒体技术的快速发展使教学内容能够及时更新,使学生能够获得各种的知识信息。例如,在教授传统绘画时,教师可以通过多媒体展示最新的绘画作品和绘画技巧,使学生得到全面、高水平的艺术教育,并激发他们的创作灵感。

(三)丰富教育手段

在优秀传统文化教育中,多媒体技术的应用丰富了教育手段,为教学提供了更加丰富多样的方式和工具。传统的教学手段主要依靠文字、讲解和黑板等,无法直观地展示优秀传统文化的内涵和魅力。而多媒体技术能够通过图像、音频、视频等元素的有机结合,生动地展现优秀传统文化的形象和情感,从而极大地提高学生的学习兴趣和参与度。

1.多媒体技术丰富了教育内容的表达方式

通过多媒体展示,教师利用丰富多样的图片、动画、视频等元素,将抽象的概念和知识形象地呈现给学生。例如,在讲授传统诗词时,教师通过投影仪展示优美的山水画,配上背景音乐,使学生身临其境,感受诗词所描绘的意境,从而更加深刻地理解和欣赏诗词作品中的文化底蕴。这种方式不仅加深了学生对传统文化的理解和认知,还激发了他们的审美情趣,培养了其对传统文化的情感认同。

2.多媒体技术丰富了教育交互方式

传统教学模式中,学生只是被动地接受知识和信息,教育交互性较差。而多媒体技术的应用可以实现教师与学生之间的互动和交流。例如,利用多媒体教具,教师可以设置在线互动游戏、问答环节等,引导学生积极参与,培养学生的思维能力和合作精神。学生也可以通过多媒体技术进行个性化学习,根据自己的兴趣和水平选择不同的学习资源和路径,提高学习效果和效率。

3.多媒体技术丰富了教育形式和场景

传统教学往往局限于课堂,受到时间和空间的限制。而多媒体技术的应用可以打破这种限制,使教育变得更加开放和自由。通过网络技术、移动设备等,教学资源可以被随时随地地提供给学生,不受时间和地点限制。例如,在教授传统舞蹈时,学生可以通过多媒体观看名师视频教学,进行模仿练习,而不再受时间和空间的限制。这样的教育场景不仅拓宽了学习的范围,也丰富了学习的体验,使学生更加主动地参与和探索。

(四)创新教育模式

在优秀传统文化教育中,多媒体技术的运用带来了一种全新的教育模式,即创新教育模式。这一模式通过多媒体技术为学生提供了更加丰富多样的学习体验,从而激发了学生的学习兴趣和主动性。

多媒体技术的创新教育模式能够展示更加直观、生动的教学内容。通过利用多媒体素材,如图片、音频、视频等,教师可以将抽象的传统文化概念具象化,使学生更加容易理解和接受。例如,在教授中国古代诗词时,教师可以通过多媒体展示相关的绘画作品、古乐演奏视频等,使学生能够更加直观地感受和理解诗词中的意境和情感。

多媒体技术的创新教育模式能够促进学生的互动参与。在传统教育模式中,教师往往是信息传递者,学生是信息接收者,学生的参与度较低。通过多媒体技术,学生可以参与教学过程,与教师进行互动交流。例如,学习古代建筑时,教师可以设计一个虚拟的场景,让学生在虚拟环境中参观和体验古代建筑,与此同时,学生还可以通过多媒体设备进行实时的提问和讨论,与教师和同学进行互动。

多媒体技术能够实现个性化和差异化教学。每个学生都有不同的学习风格和兴趣爱好,传统的一刀切的教学模式无法满足所有学生的需求,而多媒体技术可以为每个学生提供个性化的学习资源和学习路径。例如,在学习中国传统绘画时,学生可以根据自己的兴趣选择学习水墨画、工笔画或写意画等不同风格的绘画。通过多媒体学习资源进行学习,学生能更好地提升绘画技能和艺术素养。

多媒体技术的创新教育模式能够拓展学生的学习空间和时间。传统教育模式受到课堂时间和教室和空间的限制,学生的学习范围相对狭窄。而多媒体技术的应用可以让学生在任何时间和地点进行学习,拓展学习的自由度和灵活性。例如,学生可以通过多媒体设备观看远程授课的视频,参与在线讨论和互动,有更多自主学习的机会。

四、多媒体技术在优秀传统文化教育中的应用

(一)京剧传统剧目的多媒体展示

在传统京剧教育中,传统剧目的学习是一个重要的环节。通过多媒体技术,可以将京剧的经典剧目以视听的形式展示给学生。例如,在教授《红灯记》时,教师通过播放该剧的视频片段,并结合文字、图片等多媒体元素,让学生深入了解剧情、角色、唱腔、动作等方面的内容。这样的多媒体展示不仅能增加学生对京剧的兴趣,还能使他们更好地理解和欣赏京剧艺术。

(二)民俗文化的多媒体呈现

在传统文化教育中,传承和弘扬民俗文化是非常重要的一部分。多媒体技术可以为学生提供更直观、更生动的民俗文化体验。例如,教师通过播放录像资料和幻灯片,向学生展示传统节日的庆祝活动、民间艺术表演、传统手工艺制作等。这样的多媒体呈现使学生更加身临其境地感受、理解民俗文化的内涵和价值,并激发对传统文化的兴趣与热爱。

(三)历史事件的多媒体还原

在历史教育中,多媒体技术可以很好地还原历史事件的场景和细节。通过使用视频、音频、图像等多媒体元素,教师可以将历史事件以生动的形式呈现给学生。例如,在教授古代战争内容时,教师通过播放战争的动画片段、3D模拟战场布局等方式,帮助学生更深入地理解战争的来龙去脉、作战策略、指挥手法等。这种多媒体还原使学生更加真实地感受历史,有助于激发他们对历史知识的兴趣和研究欲望。

第二节 基于移动学习技术的优秀传统文化教育

一、移动学习技术的定义

移动学习技术作为一种创新的教育手段,已经在教育领域得到广泛应用。移动学习技术的定义在不同的研究领域和学者之间可能存在一些差异,但总体上可以理解为利用移动设备和无线网络等技术手段,将教育内容和学习过程融入人们的日常生活,以实现随时随地的学习与交流。

移动学习技术是基于现代移动通信和信息技术的应用,通过融合多种技术手段而形成的一套完整的学习系统。在移动学习技术中,关键的技术构成包括移动设备、无线通信、移动应用软件和云计算。

移动设备是移动学习技术的基础,包括智能手机、平板电脑、笔记本电脑等便携式设备。这些设备具有轻便、灵活、高度互联的特点,方便学习者在任何时间、任何地点进行学习活动。无线通信技术是实现移动学习的关键。移动学习技术依赖于无线网络,通过无线通信技术将学习者和学习资源进行连接。当前主要采用的无线通信技术有 4G、5G 和 WiFi 等,这些技术提供了高速稳定的网络连接,保证了学习者获得学习资源和与教师、其他学习者进行交流的便利性。

在移动学习技术中,移动应用软件起着重要的作用。移动应用软件包括学习平台应用、课件播放器、学习助手等多种类型。学习平台应用是学习者进行学习管理和获取学习资源的入口,它为学习者提供了注册、课程选择、学习进度跟踪等功能。课件播放器是用于播放教学课件的应用程序,支持视频播放、音频播放、互动题目等多种功能。学习助手是提供辅助服务的应用,如制订学习计划、记录学习笔记等。

云计算技术在移动学习中发挥着重要作用。云计算技术通过将学习资源存储在云端服务器上,为学习者提供了随时随地访问学习资源的便利。学习者可以通过移动设备登录云学习平台,获取自己所需的学习资源。同时,云计算技术可以实现学习数据的共享与交流,促进学习者之间的互动与合作。

二、移动学习技术的特点

(一)时空灵活性

时空灵活性是移动学习技术的一项重要特点,指的是学习者可以随时随地进行学习,并且可以根据自身的时间和地点安排学习活动。这一特点的出现,得益于移动设备的普及和网络技术的进步。如今,人们可以通过智能手机、平板电脑等移动设备随时随地获取教育资源,不再受限于传统的教室环境和特定的学习时间。

时空灵活性的好处在于它打破了传统学习的时空限制,使学习者能够更加自由地安排学习时间和地点。学习者可以根据自己的实际情况和需求,在合适的时间选择在合适的地点进行学习,从而提高学习效率和学习质量。例如,学习者可以在旅途中利用碎片时间通过移动设备学习相关的优秀传统文化知识,使学习不再受到时间和空间的限制,提高了学习的便利性和灵活性。

时空灵活性使得学习者能够根据自己的兴趣和学习风格进行个性化学习。传统的课堂教学往往是按照统一的进度和内容进行的,难以满足学生的个性化需求。而移动学习技术的时空灵活性使得学习者可以根据自己的兴趣和学习进度,选择适合自己的学习资源和学习方式,从而更好地满足个体的学习需求和增强学习效果。

(二)个性化学习

个性化学习是移动学习技术中的一项重要特点,它能够根据学习者的个体差异,为每个学习者提供个性化的学习内容和学习方式。在传统的教育中,教师往往采用通用的教学方法,不考虑学生个体的不同特点和学习需求。而移动学习技术的个性化学习可以根据不同学生的学习状态、兴趣爱好、学习习惯等因素,为学生提供专属的学习资源和学习路径。

1.个性化学习能够更好地满足学生的学习需求

每个学生在学习的过程中,都有自己的学习目标和学习方式。通过移动学习技术的个性化学习,学生可以根据自己的兴趣和需要选择适合自己的学习内容和学习方式,从而更好地实现个人的学习目标。例如,对数学感兴趣的学生可以通过移动学习应用选择与数学相关的学习资源,而对文学感兴趣的学生可以选择与文学相关的学习内容,实现个性化学习。

2.个性化学习可以增强学生的学习效果

每个学生在学习上都有自己的学习习惯和学习方式,个性化学习可以根据学生的学习偏好为其提供最合适的学习模式。例如,有些学生喜欢通过阅读文字来学习,而有些学生更倾向于通过观看视频来学习。通过个性化学习,学生可以选择适合自己的学习模式,增强学习效果。个性化学习还可以根据学生的学习进度和学习能力,提供相应难度的学习任务,使学生在适当的挑战中提高自己的学习能力。

3.个性化学习可以培养学生的自主学习能力

通过移动学习技术的个性化学习,学生不再依赖于教师的指导和安排,而是自主选择学习内容,自主制订学习计划,从而提高了自主学习能力。个性化学习还可以促使学生对自己的学习进行反思和评估,从而培养学生的自我管理能力和学习能力,使学生在学习中更加独立和自信。

(三)交互性增强

移动学习技术作为一种创新的教育手段,其最大的优势就是增强了学习过程中的交互性。传统教育中,学生往往是被动的知识接受者,缺乏与教师和其他学生的互动和交流。而通过移动学习技术,学生可以更加积极地参与学习活动,与教师和其他学生进行互动。

移动学习技术提供了多种多样的学习资源,包括教学视频、在线课程、教学游戏等。学生可以根据自己的兴趣和需求选择适合自己的学习资源,这种个性化的学习方式使得学习更具有针对性和灵活性。学生可以通过移动学习应用程序进行讨论、互动和合作,与教师和其他学生建立起紧密的联系。

移动学习技术通过引入社交化学习的理念,进一步增强了学习过程中的交互性。学生可以在学习过程中进行实时的讨论和反馈,与教师和其他学生进行即时交流。这种互动的学习方式不仅能够促进学生之间的合作和借鉴,还能够激发学生的学习兴趣和主动性。学生可以通过移动学习平台发表自己的观点和见解,与他人进行交流和辩论,这样不仅扩展了学生的知识面,还提高了学生的表达能力和思维能力。

移动学习技术通过虚拟现实技术和增强现实技术等创新手段,进一步提升了学习过程中的交互性。学生通过虚拟现实技术模拟真实的学习场景,身临其境地参与学习活动。例如,在学习历史文化知识时,学生通过虚拟现实技术沉浸式地体验历史场景,加深对历史文化的理解和记忆。这种交互性增强的学习方式不仅让学生更好地进入学习状态,还提高了学生的学习效率和学习效果。

三、移动学习技术在优秀传统文化教育中的优势

(一)提升教育质量

移动学习技术可以提供更加便捷和灵活的学习环境。传统的教育模式有时会受到地点和时间的限制,而移动学习技术的出现打破了这一限制。学生可以通过移动设备随时随地学习,无论是在校园内还是在家中,都能够获得高质量的教育资源和学习内容。

移动学习技术可以提供个性化的学习体验。每个学生的学习需求和兴趣都有所不同,传统的教育往往采用统一的课堂教学和标准化的考试评价,忽视了学生的个体差异。而移动学习技术可以根据学生的具体情况和需求,提供定制化的学习内容和学习方式,使得学生能够更加有效地学习,并且获得更多的学习成就感和自信心。

移动学习技术可以提供多样化的学习资源和学习工具。优秀传统文化教育涉及的知识内容繁多、形式多样,传统教材和教学资源往往无法满足学生的学习需求。而借助移动学习技术,教师和学生可以获得丰富多样的学习资源,包括电子书籍、教学视频、网络课程等,这样可以更全面地了解和学习优秀传统文化的内涵和精髓。

(二)丰富教育形式

移动学习技术在优秀传统文化教育中的一个显著优势是能够丰富教育形式。传统

的教育往往依赖于传统的教室环境和传统的教学方式,限制了学生接受教育的时间和地点。随着移动学习技术的迅速发展,学生不再受时间和空间的限制,可以随时随地学习。

移动学习技术的出现使得学生可以通过移动设备,如手机、平板电脑等,随时随地获取教育资源。例如,学生可以利用移动学习应用从互联网上下载教学课件、学习视频和电子书籍,在学校以外的任何地方,都可以进行自主学习,充分利用碎片化时间。

移动学习技术增加教学过程的互动性和趣味性。传统的教育往往是单向传授知识,学生被动接受。移动学习技术可以通过提供各种互动工具和多媒体资源,激发学生的学习兴趣并主动参与。例如,学生可以通过移动学习应用参与在线讨论、完成互动游戏和小测验,与教师和其他学生进行交流和合作,使学习过程更加生动有趣。

(三)激发学生的学习兴趣

移动学习技术在优秀传统文化教育中的一项重要优势是激发学生的学习兴趣。传统的课堂教学以传授知识为主,学生往往缺乏主动参与和积极学习的动力。而移动学习技术的引入为学生提供了更加灵活多样的学习方式,通过互动性强的学习内容和创新的学习方式,有效地激发了学生的学习兴趣。

移动学习技术为学生提供了与传统教室环境不同的学习体验。学生可以通过移动设备随时随地进行学习,不再受时间和空间的限制。他们可以在家中、公园、图书馆等场所进行学习,从而创造出一个自由、舒适的学习环境。这样的学习环境能够激发学生的学习兴趣,使他们更加主动地参与学习。

移动学习技术提供了丰富多样的学习内容和学习方式。传统的教学方式往往以纸质教材和课堂讲解为主,导致学生对学习内容的兴趣较低。移动学习技术通过多媒体、互动性强的学习内容以及游戏化学习等创新方式,为学生带来了更加丰富多样的学习体验。学生通过观看视频、参与互动游戏等方式,积极参与学习,从而提升了对学习的兴趣。

移动学习技术可以个性化地满足学生的学习需求。每个学生的学习兴趣和学习习惯都不同,传统的教学方式难以满足学生的个性化需求。而移动学习技术可以根据学生的学习特点和需求,提供个性化的学习资源和学习路径。学生可以根据自己的兴趣和学习进度进行学习,这样个性化的学习方式能够更好地激发学生的学习兴趣和学习积极性。

移动学习技术还可以通过社交互动的方式激发学生的学习兴趣。通过移动学习平台,学生可以与其他学生进行交流与合作,分享学习心得和经验。这样的社交互动不仅丰富了学习内容,还可以培养学生的合作精神和团队意识。通过与他人的互动,学生能够更好地理解和应用优秀传统文化知识,从而激发他们的学习兴趣。

四、移动学习技术在优秀传统文化教育中的应用

(一)移动学习技术在优秀传统文化教育中的应用场景

移动学习技术在优秀传统文化教育中具有广泛的应用场景。首先,移动学习技术通过提供便捷的学习途径,让学生随时随地学习。例如,学生可以通过手机或平板电脑,利用移动学习应用程序学习诗词、歌曲等传统文化知识。这样,他们可以在课余时间,在旅途中或者在家里进行学习,充分利用碎片化的时间提升自己的传统文化素养。

其次,移动学习技术能够提供互动与合作的学习环境,促进学生之间的交流与合作。在优秀传统文化教育中,学生通过移动学习平台与其他学生进行在线研讨、共享学习资源,甚至参与传统文化角色扮演活动。这种互动合作的学习方式可以提高学生的参与度和兴趣,增强学习效果。

移动学习技术可以为传统文化教育提供个性化的学习支持。根据学生的个人喜好和学习需求,移动学习应用程序推送适合的学习资源、学习任务或者学习计划。学生可以根据自己的兴趣和学习进度进行学习,提高学习效率。个性化学习有助于满足学生的多样化需求,促进他们在优秀传统文化教育中的积极参与和深入理解。

(二)移动学习技术在优秀传统文化教育中的应用实例分析

在优秀传统文化教育中,移动学习技术的应用已经取得了一定的成效。下面将通过几个实例来分析具体的应用情况。

1.以古诗词学习为例

传统的古诗词学习往往以背诵和解析为主,学生对于古代文化的理解和感受比较有限。通过移动学习技术,可以将古诗词与现实生活相结合,通过游戏、互动等方式激发学生的学习兴趣。例如,可以学生使用手机或平板电脑扫描古诗词作品通过虚拟现实技术将古诗词中描绘的古人的生活场景呈现出来,即可身临其境地感受古人的生活,使学生更加深入地了解和感受古代文化的魅力。

2.以传统音乐学习为例

传统音乐学习通常需要专业的教师和乐器,门槛较高。通过移动学习技术,学生可以利用各种音乐软件和学习平台进行在线学习。他们可以随时随地使用手机或平板电脑进行音乐创作和演奏。移动学习技术还可以提供个性化的学习推荐和指导,帮助学生更好地发挥音乐才能。

3.以传统绘画学习为例

传统绘画学习需要一定的基础知识和技巧。通过移动学习技术,学生可以观看在线绘画课程学习基本的绘画技法和风格,还可以通过虚拟现实技术接受实时指导和训练。移动学习技术还可以将传统绘画与数字艺术相结合,拓展学生的创作思路和表达方式,提升他们的艺术创造力。

第三节　基于人工智能技术的优秀传统文化教育

一、人工智能技术

(一)人工智能概述

人工智能(Artificial Intelligence,AI)作为一个跨学科的研究领域,其发展历程可以追溯到 20 世纪 50 年代。早期的人工智能研究聚焦于通过计算机模拟人类智能的行为。然而,由于当时计算机硬件和数据处理能力的限制,人工智能的发展比较缓慢。

随着计算机技术的飞速发展和算法的不断创新,人工智能进入了一个新的阶段。20 世纪 80 年代末至 90 年代初,专家系统成为人工智能的主要研究方向。专家系统是一种基于规则和知识的计算机程序,通过模拟专业人士的决策过程来解决特定领域的问题。这一阶段的研究重点在于如何建立规则库和知识库,从而使计算机能够具备特定领域的专业知识。

随后,人工智能进入了强化学习和机器学习的时代。强化学习是一个关于智能体如何通过与环境进行交互来实现某种目标的研究领域。通过试错和奖惩机制,智能体能够不断优化自身的行为,并逐渐学会解决问题。机器学习则是通过使用数据和算法,使计算机能够自动学习和改进。近年来,深度学习作为机器学习的重要分支,取得了巨大的突破和进展。

随着算法和技术的不断进步,人工智能逐渐渗透到各个领域和行业。在医疗健康领域,人工智能可以辅助医生进行快速、准确的诊断,并提供个性化的治疗方案;在交通运输领域,人工智能可以帮助实现智能驾驶和交通管理;在金融领域,人工智能可以进行风险评估和投资决策。人工智能的广泛应用,极大地提升了工作的效率和便利性,给人们的生活带来了诸多改变。

(二)人工智能的分类

根据问题的求解方法,人工智能可以分为符号主义人工智能和连接主义人工智能。

符号主义人工智能主要依靠逻辑推理和规则系统进行问题求解,将问题转化为符号的处理。而连接主义人工智能倾向于模仿人脑的神经网络结构,通过学习和训练来解决问题。

　　根据人工智能系统的能力和功能,可以将人工智能分为弱人工智能和强人工智能。弱人工智能指的是那些只在特定领域具有较高智能水平的系统,如人工智能在语音识别、图像识别等方面的应用。强人工智能则是指具备与人类智能相媲美的能力,能够在各个领域完成复杂的智能任务。

　　人工智能还可以按照具体的应用领域进行分类。例如,机器学习是人工智能中的一个重要领域,它以训练机器从数据中学习并自主改进为特点。另外,专家系统是一类利用专门的知识和规则进行推理和决策的系统,被广泛应用于医疗诊断、工业自动化等领域。

二、人工智能技术的特点

(一)自主性

　　在人工智能技术中,自主性是其一个显著的特点。自主性指的是人工智能系统能够根据自身的程序和算法,独立地做出决策和行动。相比于传统的计算机系统,人工智能技术具备更高的自主性,能够模拟和模仿人类的思维过程,从而具备更高的智能性和灵活性。

　　人工智能系统通过大量的数据训练和学习,能够自动提取和发现数据中的模式和规律。基于这些模式和规律,人工智能系统能够进行推理和判断,从而在面对新的情况时做出相应的决策。例如,在图像识别领域,人工智能系统能够识别和分类图像中的物体,即使是之前没有见过的物体,也能通过学习和推理,准确地识别出它们的类别。

　　人工智能技术具备自动学习的能力,能够根据环境和数据的变化自主地更新自己的知识和经验。通过机器学习算法,人工智能系统能够从大量的训练数据中学习到规律和模式,并利用这些知识来解决新的问题。例如,在语音识别领域,人工智能系统可以通过学习大量的语音样本,自动学习不同的语音特征和模式,从而实现准确的语音识别。

　　人工智能技术的自主性还表现在其适应能力上。人工智能系统能够根据环境和任务的变化,自主调整自己的行为和策略。例如,在自动驾驶领域,人工智能系统能够根据路况、交通情况和目的地等信息,自主地选择合适的行驶路径和速度,从而实现安全和高效的驾驶。

　　人工智能技术的自主性还表现在其交互能力上。人工智能系统能够与人类或其他系统进行交互,并根据交互的结果自主地调整自己的行为和决策。例如,在智能助手领域,人工智能系统能够通过语音和图像等方式与用户进行交互,根据用户的需求和指令,自主地完成各种任务和操作。

(二)学习性

在人工智能技术的特点中,学习性是一个非常重要的特点。人工智能系统具备学习能力,能够从数据和经验中进行学习,并通过不断演化和适应来提升自身性能。

人工智能系统通过机器学习算法,可以自动从海量的数据中学习知识和规律。人工智能系统能够通过分析大量的样本和实例,发现其中的模式和规律,并将其应用于类似的情况。例如,在教育领域,人工智能系统通过学习大量的学生答题数据,了解学生的学习习惯、易错知识点等,从而提供个性化的学习计划和教学指导。

人工智能系统通过不断迭代和反馈,能够逐步改进和提升自身的性能。通过监督学习、强化学习等算法,人工智能系统可以根据反馈信息不断调整自己的行为方式和决策策略,从而达到更好的性能和效果。例如,在教育教学中,人工智能系统通过不断与学生互动,收集学生的反馈信息,根据学生的学习情况和表现,调整教学内容和方式,提供更符合学生需求的个性化教学。

人工智能系统具备快速适应环境变化的能力。在不断变化的教育环境中,人工智能系统能够灵活地调整自己的学习和决策,以适应新的教育需求和要求。例如,随着社会的发展,教育领域也在不断变化,人工智能系统通过不断学习和适应,提供适应性强、针对性强的教育解决方案。

人工智能系统具备交互性,能够与人类用户进行有效的交互和沟通。通过自然语言处理、图像识别等技术,人工智能系统可以理解人类的语言和意图,并根据需求提供相应的服务和支持。在教育领域,人工智能系统可以与学生进行有意义的对话,解答学生的问题,指导学生的学习并提供个性化的学习建议。

(三)适应性

适应性是人工智能技术的一个重要特点,它使人工智能可以适应不同的环境和任务。具有适应性的人工智能系统能够根据外部环境的变化和不同的任务需求进行自我调整和优化,这种适应性使人工智能在优秀传统文化教育中发挥了优势作用。

人工智能的适应性使它能够根据学生的需求进行个性化教学。通过对学生的数据进行分析和处理,人工智能系统能够了解学生的兴趣爱好、学习习惯和学习特点,从而为学生量身定制合适的教学内容和学习方案。这种个性化教学能够更好地激发学生的学习兴趣,增强学习效果。

人工智能的适应性使它能够根据不同的教学场景做出相应调整。无论是线上还是线下的教学环境,人工智能系统都能够根据场景的不同做出相应的反应和支持。例如,线上教学,人工智能通过在线互动平台与学生进行实时互动,提供即时的反馈和指导;而在线下教学,人工智能通过智能设备和传感器与学生进行互动,为学生提供更加贴近实际情境的学习体验。

人工智能的适应性使它能够根据不同的知识领域和教学内容进行调整和优化。人工智能系统利用大数据和机器学习算法对不同的知识领域进行深入分析和学习,从而获取更加全面和准确的知识。基于这些学习和分析结果,人工智能系统可以为不同的教学内容提供相应的支持。这样的个性化教学可以更好地满足学生的需求,提高教学效果。

(四)交互性

在人工智能技术中,交互性是一个极为重要的特点。人工智能系统具备与人类进行有效交流和互动的能力,从而使其能够更好地理解和满足用户的需求。

人工智能技术的交互性使用户能够通过与系统的对话和互动来获得所需的信息和服务。通过语音识别和自然语言处理等技术,人工智能系统能够识别和理解人类的语言,从而能够回应用户的问题、提供相关的知识和答案。这种交互性极大地提高了用户与系统之间的沟通效率,让用户能够更加便捷地获取所需信息,提高用户的满意度。

人工智能技术的交互性使人工智能系统能够与用户进行深入交流和学习。通过对话和互动,人工智能系统能够逐步了解用户的偏好、需求和习惯,进而个性化地提供相应的服务和建议。例如,当用户与智能教育系统进行交互时,系统能够根据用户的学习情况和兴趣爱好,推荐符合用户需求的学习资源和活动。这种个性化的交互性不仅增强了用户的参与度和体验感,还能够帮助用户更加高效地学习和成长。

人工智能技术的交互性促进了其与用户的情感连接和情感交流。人工智能系统可以通过情感识别和情感生成等技术,判断和回应用户的情感状态,从而更好地满足用户的情感需求。这种交互性的特点使人工智能系统不仅能够提供信息和服务,还能够增加与用户的情感共鸣和情感交流,提升用户的情感体验和满意度。

三、人工智能技术在优秀传统文化教育中的优势

(一)提高教学效率

在优秀传统文化教育中,人工智能技术被广泛应用,并展现出许多独特的优势。

人工智能技术能够显著提高教学效率。通过引入人工智能技术,教师可以更好地安排教学内容和教学方式,使教学过程更加高效和精确。

人工智能技术可以为教师提供更多的教学资源和辅助工具。例如,虚拟现实技术可以模拟真实场景,让学生身临其境地体验传统文化的魅力;同时,智能学习平台可以提供丰富的学习素材和题目,让学生在多样化的学习资源中进行自主学习。这些技术的引入大大丰富了教学手段,使教学变得更加生动、有趣。

人工智能技术可以根据学生的学习特点和进度,个性化地制订教学计划。通过教学数据的分析和学习算法的运用,人工智能系统能够准确地了解学生的劣势和优势,并为不同的学生制订相应的学习计划。这样一来,学生可以按照自己的节奏进行学习,提高学习效率。

人工智能技术可以根据学生的学习情况提供实时的反馈和指导。传统教学中,教师难以及时发现学生的问题和困惑,并进行针对性的解答。而通过人工智能学习系统,学生可以随时提交作业、答题、练习等,在这个过程中系统会即时给予评价和指导。这种即时的反馈和指导,能够有效帮助学生克服困难,增强学习成效。

(二)个性化教学

在优秀传统文化教育中,人工智能技术以其独特的优势发挥了重要作用。其中,个性化教学是人工智能技术的一个显著特点。通过人工智能技术,教师可以根据学生的个性特点、学习兴趣和学习风格,为每个学生量身定制适合的教学内容和学习方式。

1.满足不同学生的学习需求

每个学生的学习能力和学习习惯是不同的,传统一刀切的教学方式往往无法满足学生的差异化需求。而基于人工智能技术的个性化教学,可以根据学生的学习情况和进展,进行实时的教学调整。通过分析学生的学习数据、行为和反馈,教师可以了解每个学生的学习状况,有针对性地提供更加符合其需求的教学内容和学习资源。这样,无论是学习能力较强的学生还是学习能力相对薄弱的学生,都能够得到有效的教学指导和帮助,提高学习效果。

2.激发学生的学习兴趣和主动性

在传统教学中,学生常常面对大量抽象的知识和枯燥的学习内容,这容易使学生产生学习厌倦,降低主动学习的动力。借助人工智能技术,教师可以将教学内容与学生的兴趣和爱好结合起来,创造出更加有趣和具有挑战性的学习场景。通过个性化的教学方式,学生可以更好地参与到学习过程中,感受到学习的乐趣。例如,通过人工智能技术,教师可以为学生设计个性化的学习任务、充满趣味性的学习环境,激发学生的自主学习欲望,使其更加积极、主动地投入学习。

3.培养学生自主学习的能力和学习策略

在传统的课堂教学中,学生往往被动接受知识,缺乏自我探索和独立思考的机会。而通过人工智能技术的个性化教学,学生可以根据自身的学习需求和兴趣进行学习内容的选择和调整,积极参与到学习过程中。针对不同的学习目标,学生可以通过智能化的学习工具和资源进行自主学习,培养自主学习的能力和学习策略。通过个性化教学,学生可以从传统的被动学习状态中解脱出来,成为主动学习的主体,提高学习效果和效率。

(三)促进传统文化的传播

传统文化作为一个国家和民族的宝贵财富,其传承和发展具有重要意义。然而,由于社会发展和现代化进程的影响,传统文化的传播面临着各种挑战。在这样的背景下,人工智能技术为传统文化的传播提供了全新的机遇和可能性。

人工智能技术可以为传统文化的传播提供更广阔的传播渠道和媒介。传统文化的传播往往受时间、空间和人力资源的限制,难以覆盖到每一个人。但是借助人工智能技术,可以通过互联网、智能手机等渠道,令传统文化的内容和价值触达更多的人。无论身处何地,只要拥有网络设备,人们就能够随时随地了解和学习传统文化。

人工智能技术可以为传统文化的学习者提供个性化的学习体验。传统文化的魅力在于其独特性和多样性,不同的人对传统文化的理解和兴趣也存在差异。人工智能技术可以根据每个人的兴趣爱好和学习需求,为其量身定制传统文化的学习内容和方式。无论是通过推荐系统筛选出个性化的学习资源,还是通过智能导学系统提供针对性的学习方案,人工智能技术都能为传统文化的学习者提供更好的个性化学习体验。

人工智能技术可以与传统文化相结合,创新传统文化的传播方式。借助虚拟现实、增强现实等技术手段,将传统文化与现代科技相结合,创造全新的传播方式和体验。例如,通过虚拟现实技术,可以让学生身临其境地参与传统文化活动,感受传统文化的魅力。创新的传播方式不仅能够增强学生的学习兴趣,还能为传统文化的传承和弘扬贡献力量。

(四)提升学生的学习兴趣

传统的教学方法常常面临学生学习兴趣下降和学习动力减弱的问题,而人工智能技术的运用则为解决这一问题提供了新的途径。

通过人工智能技术的个性化教学模式,学生可以在自己的兴趣与优势领域进行学习,这能够极大地激发学生的学习兴趣。传统的教学模式往往是按照统一的教学进度和内容进行的,忽视了学生的个体差异和兴趣特点。而人工智能技术的个性化教学可以根据学生的学习情况和兴趣爱好进行适应性调整,使学习过程更加有针对性和个性化。这种个性化教学的特点能够让学生更加喜欢学习,因为他们可以选择自己感兴趣的内容进行学习。

人工智能技术提供了一种互动性强的学习环境,能够让学生更加积极、主动地参与学习。在传统教学中,学生往往是被动地接受知识,而在人工智能技术的支持下,学生通过与智能教育系统的互动参与到学习过程中。例如,智能教育系统可以根据学生的学习情况自动调整难易程度,给予实时反馈和指导,从而激发学生的学习兴趣和积极性。此外,人工智能技术还可以通过趣味化的教学方式,将学习过程转化为活动的形式,提高学生的参与度和学习的趣味性。

人工智能技术还能够为学生提供更加丰富多样的学习资源和学习内容,这也是提升学生学习兴趣的重要因素之一。优秀传统文化的学习往往需要大量的资源和资料支持,而传统的教学往往受到时间和空间的限制。人工智能技术通过网络和云计算等技术手段,集结全球范围内的学习资源,使得学生能够更加便捷地获取所需的资源和知识,从而增加了学习的乐趣。

四、人工智能技术在优秀传统文化教育中的应用

(一)人工智能教学系统的应用

人工智能教学系统通过智能化的技术手段,为学生提供个性化的学习环境。传统的教学模式面临学生差异大、教学进度难以把握等问题,而人工智能教学系统能够根据学生的学习特点和需求,智能地调整教学内容和进度,从而使学习过程更加高效和有效。

人工智能教学系统能够通过数据分析和挖掘,提供个性化的学习推荐和评估。传统的学习评估主要依赖于教师的主观判断或标准化考试,容易忽略学生的个体差异和潜在能力。而人工智能教学系统能够根据学生在学习过程中的表现和反馈,结合大数据分析和机器学习算法,为学生提供个性化的学习推荐,帮助他们在学习中不断提升。

(二)人工智能辅助教学系统的应用

在现代教育领域,人工智能技术的应用逐渐得到广泛关注,特别是在辅助教学方面,人工智能的发展为教育提供了全新的可能性。人工智能辅助教学系统通过模拟人类智能的思维和学习过程,不仅能够提供个性化的学习资源和教学服务,还能够实时监测学生的学习情况,帮助教师更好地掌握学生的学习进展,从而实现精准辅导。

人工智能辅助教学系统能够根据学生的个性化需求和学习情况,提供相应的学习资源和教学内容。通过分析学生的学习数据和行为模式,系统可以根据学生的学习风格和

兴趣爱好,智能推荐适合他们的学习材料和教学方法。这种个性化的辅助教学方式可以更好地满足学生的学习需求,激发他们的学习兴趣,增强其学习动力。

人工智能辅助教学系统可以实时监测学生的学习情况,并根据学生的学习表现进行智能评估和反馈。教师可以通过系统获取学生的学习数据,了解他们在学习过程中的知识掌握程度和学习效果。基于学生的学习情况,系统可以为教师提供针对性的指导意见和优化方案,帮助教师更好地调整教学策略,辅导学生克服学习困难,增强学习效果。

人工智能辅助教学系统还具有智能交互和实时沟通的特点。学生通过系统与虚拟教师进行互动,提出问题和疑惑,获取即时的解答和指导。虚拟教师根据学生的提问内容和学习情况,智能地生成相应的回答和解决方案,通过交互的学习方式提高学生的学习效果和质量。

(三)人工智能技术与传统文化教育的结合

人工智能技术的发展为传统文化教育带来了巨大的机遇和挑战。传统文化是一个国家和民族的瑰宝,具有博大精深的内涵,但在现代社会背景下,传统文化的传承和普及面临着一些难题。人工智能技术的运用恰好能够弥补传统文化教育的不足,使传统文化更好地融入现代教育。

人工智能技术的智能化和高效性为传统文化教育带来了新的教学模式。通过人工智能教学系统,传统文化的知识和技能可以实现更加科学、系统和个性化的传授。系统可以根据学生的学习情况和需求,提供个性化的教学内容和学习方案,使学生更加有效地学习传统文化知识。人工智能教学系统还可以利用大数据分析和学习算法,为教师提供有针对性的指导和教学策略,增强传统文化教育的效果。

人工智能技术可以为传统文化教育提供丰富的教育资源。传统文化教育往往以经典著作、文化遗产等为主要教材,但这些资源的获取和传播受到时间和空间的限制。而通过人工智能技术,这些资源可以数字化、电子化,并通过互联网进行共享和传播。学生可以随时通过网络获取有关传统文化的经典著作、典籍、音乐、绘画等资源,从而拓宽了学生的学习渠道,提高了学习的便捷性和质量。

人工智能技术还可以与传统文化教育进行深入的交叉与融合。传统文化强调的是人的情感、智慧和精神追求,而人工智能技术注重的是机器的智能和计算能力,两者都有其独特的优势和特点。可以通过将人工智能技术与传统文化教育有机结合,创新教学方式和教育体验,提升传统文化教育的吸引力和影响力。例如,运用虚拟现实技术,重现历史场景,让学生感受传统文化的魅力。也可以通过人工智能语音识别和自然语言处理技术,构建一个与学生进行互动对话的人物形象,使学生更好地理解和体验传统文化。

参考文献

[1]王安忠.中华优秀传统文化教育多维研究[M].北京:新华出版社,2022.

[2]李志毅.优秀传统文化的现代教育价值探索[M].北京:北京工业大学出版社,2023.

[3]李文军,李彦青.传统文化教育现代课程方法[M].济南:山东大学出版社,2021.

[4]艾萍.优秀传统文化的教育视角研读[M].长春:吉林出版集团股份有限公司,2020.

[5]刘恋.文化自信视域下中华优秀传统文化的传承与发展[M].长沙:湖南师范大学出版社,2021.

[6]刘玉琼.中华优秀传统文化融入高校德育建设的路径研究[M].北京:北京燕山出版社,2023.

[7]吴延芝.中国传统文化中的教育价值研究[M].北京:中国水利水电出版社,2022.

[8]赵文静,卢凤菊,丁大尉.传统文化融入高校思想教育的课程设计[M].北京:科学出版社,2021.

[9]王宇.中华优秀传统文化融入大学生德育教育研究[M].北京:人民出版社,2022.

[10]张勇.中国传统文化的现代诠释[M].芜湖:安徽师范大学出版社,2022.

[11]朱汉民.中华优秀传统文化[M].北京:高等教育出版社,2023.

[12]沈雕,杨莉.中华传统文化[M].北京:高等教育出版社,2023.

[13]丁蕾,莫艳萍,高艳.认同与自信:中华优秀传统文化概论[M].北京:中国经济出版社,2023.

[14]朱美光.传统文化当代价值与组织行为学体系构建[M].郑州:郑州大学出版社,2021.

[15]伍韬.当代传统文化与素质教育研究[M].北京:北京工业大学出版社,2023.